Tatiana Morlock

111 Alltagsabenteuer, die glücklich machen

Mit Illustrationen von Anita Ortega

111

emons:

Bibliographische Informationen der Deutschen Nationalbibliothek
Die Deutsche Nationalbibliothek verzeichnet diese Publikation in der Deutschen Nationalbibliografie; detaillierte bibliografische Daten sind im Internet über http://dnb.d-nb.e abrufbar.

MIX
Papier | Fördert gute Waldnutzung
FSC® C083411

Gestaltung: Eva Kraskes, nach einem Konzept von Lübbeke | Naumann | Thoben
Kartografie: altancicek.design, www.altancicek.de
Kartenbasisinformationen aus Openstreetmap, © OpenStreetMap-Mitwirkende, ODbL
Druck und Bindung: CPI – Clausen & Bosse, Leck
Printed in Germany 2024
Erstausgabe 2022
ISBN 978-3-7408-1383-3

Vorwort

Nach Feierabend geht's auf die Couch, ins Kino oder zum Sport. Zweimal im Jahr fährst du in die Berge oder ans Meer. Du fühlst dich wohl in deiner Komfortzone. Allerdings bietet sie kaum Platz zum Wachsen, lässt nur wenig Raum für Neues. Willst du mehr?

Stell dir vor, du könntest ein Abenteuer erleben: ohne Geld, ohne Zeit, ohne Ausrüstung, ohne Planung. Du musst dazu nur dieses Buch aufschlagen und einen winzigen Schritt über deine gewohnten Grenzen hinausgehen. Der Lohn ist groß, wenn du es wagst. Denn direkt hinter dieser Grenze beginnt die Magie des Abenteuers.

Alltagsabenteuer fordern dich heraus, deine Wohlfühlzone zu verlassen. Kauf einem Fremden ein Eis, tausche mit Freunden übers Wochenende die Wohnung, geh mit selbst gebauten Schneeschuhen auf Tour oder verbringe einen Tag, ohne zu sprechen. Erkunde unbekannte Welten, wechsle die Perspektive und wage etwas Neues. Mit jedem Schritt über die Grenze erweitert sich deine Komfortzone, und du findest den Mut, deine Unsicherheiten zu überwinden.

Lass dich nicht von deinen Gewohnheiten einschränken. Fühl dich frei. Schalte den Autopiloten aus und genieße das Gefühl, etwas Außergewöhnliches zu tun. Es tut gut, eingespielte Alltagsroutinen aufzubrechen. Neue Erfahrungen stärken das Selbstvertrauen. Aber vor allem macht es Spaß, Neues zu erleben oder Althergebrachtes einmal mit anderen Augen zu sehen. Entscheide selbst, mit welchem der 111 Abenteuer du beginnst. Und dann geh raus und schaffe dir neue, unvergessliche Erinnerungen!

111 Alltagsabenteuer

Outdoor-Abenteuer

Zusammen macht's mehr Spaß

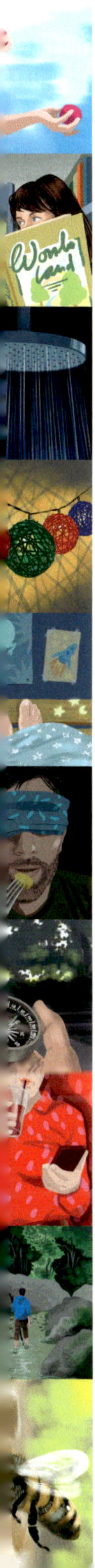

Abenteuer nach Feierabend

Do-it-yourself-Abenteuer

Abenteuer für nebenher

Outdoor-Abenteuer

Natur lässt sich nicht konsumieren. Sie fordert dich heraus. Du musst dich auf ihre Spielregeln einlassen. Dabei nutzt du plötzlich wieder all deine Sinne und fühlst dich lebendig. Überquere einen Fluss, entfache ein Feuer ohne technische Hilfsmittel oder picknicke im Schnee!

Über 10.000 Generationen lang haben die Menschen in und mit der Natur gelebt. Seit der Industrialisierung sind nicht einmal zehn Generationen vergangen. Die »Outdoor-Software« und damit auch unsere Sehnsucht nach Natur sind tief in uns verankert. In Wäldern, auf Wiesen, Bergen und an Seen fühlen wir uns nicht nur frei, sie machen uns auch gesund und glücklich. Der Körper schüttet weniger Stresshormone aus, der Herzschlag beruhigt sich, wir sind freundlicher zu anderen und lächeln öfter.

Aber auch in der Stadt erweitert Rausgehen unseren eingeengten Bewegungsradius. Durchbrich deine Alltagsroutine, entdecke neue Orte und Erlebnisse in deiner Umgebung. Wie weit kommst du mit zehn Euro? Kennst du eigentlich Frisbeegolf? Und hast du schon mal ein privates Open-Air-Kino mit deinem Laptop organisiert?

Geh raus, mach deine Umwelt zu deinem Zuhause und erlebe spannende Outdoor-Alltagsabenteuer!

1 Abenteuermacher

Verstecke deinen eigenen Geocache

Bestimmt hast du schon einmal von Geocaching gehört. Vielleicht hast du selbst auch schon einen sogenannten Cache gefunden? Ein Cache ist das Pendant zur Schatzkiste aus der Schnitzeljagd unserer Kindheit. Caches werden von Geocachern auf der ganzen Welt versteckt. Um sie aufzuspüren, musst du bestimmte GPS-Koordinaten finden, Rätsel lösen und zum Schluss natürlich suchen. Mindestens ebenso viel Spaß wie die Suche macht aber das Verstecken eines eigenen Geocaches!

Zunächst solltest du selbst einige Caches suchen, um Erfahrungen zu sammeln. Dazu brauchst du lediglich ein GPS-fähiges Smartphone. Passende Caches in deiner Nähe findest du über kostenlose Geocaching-Portale im Internet. Bevor du mit deinem eigenen Cache startest, musst du dich entscheiden, ob du ihn nur für Freunde verstecken möchtest oder ob du ihn öffentlich zugänglich machen willst. Richtlinien und Tipps für die Veröffentlichung von Geocaches gibt es auf bereits erwähnten Online-Portalen.

Wo möchtest du deine Schatzsucher hinführen? Gibt es einen versteckten Ort, den du anderen gern zeigen möchtest? Oder soll die Lösung von Rätseln im Vordergrund stehen? Entsprechend baust du deinen Geocache auf. Du kannst die Zielkoordinaten in einem Rätsel verstecken oder die Cacher über mehrere Stationen mit Hinweisen zum Ziel führen. Für den Cache selbst brauchst du ein witterungsbeständiges Gefäß, das sich in der entsprechenden Umgebung gut verstecken lässt. Darin können sich kleine Tauschgegenstände als Schätze befinden. Für einen offiziellen Cache solltest du auch ein Logbuch beilegen, in das die Schatzsucher sich eintragen. Online kannst du später verfolgen, wer deinen Cache gefunden hat.

Mit dem Suchen und Verstecken ist es ähnlich wie mit dem Schenken und Beschenktwerden: Die Vorfreude auf die Sucher und das Mitfiebern machen mindestens genauso viel Spaß wie das Suchen.

Tipp Wähle für deinen Geocache einen Ort, der ganzjährig und öffentlich zugänglich ist. Achte beim Verstecken darauf, Pflanzen und Tieren nicht zu schaden. Das Vergraben von Caches ist verboten.

2 Auf Schusters Rappen

Besuche deine Freunde einmal zu Fuß

Was soll das eigentlich heißen, wenn jemand »auf Schusters Rappen« kommt? Ist er mit dem Pferd unterwegs? Oder mit einem schwarzen Auto? Vielleicht geht es dir wie mir: Ich wusste lange nicht, was dieses Sprichwort bedeuten soll. Die Erklärung ist einfach: Schuster waren früher meist arme Leute, ein Pferd konnten sie sich nicht leisten. Der Schuster ist – wie die meisten einfachen Leute – daher überall zu Fuß hingegangen. Sein »Rappe« waren seine Schuhe.

In Zeiten von Auto, Fahrrad und öffentlichen Verkehrsmitteln ist das Zufußgehen ziemlich ins Hintertreffen geraten. Vielleicht hat deine Großmutter dir noch erzählt, dass sie täglich zwei Stunden zur Schule laufen musste. Und natürlich auch wieder zurück. Wann hast du das letzte Mal eine längere Strecke zu Fuß zurückgelegt? Damit meine ich keine Bergwanderung zum Vergnügen, sondern um wirklich irgendwo hinzukommen. Geh das nächste Mal, wenn du Freunde im Nachbarort besuchen möchtest oder etwas aus der Stadt brauchst, einfach zu Fuß. Beim Gehen nimmst du deine Umgebung ganz anders wahr als beim Vorbeifahren. Jeder der vielen Schritte, die du brauchst, um wenige Kilometer zu überwinden, erdet dich. Automatisch setzt du einen Fuß vor den anderen. Und mit dem gleichmäßigen Takt deiner Schritte ordnen sich auch deine Gedanken. Du bist langsam, aber wirst auch mehr Teil der Umgebung, durch die du läufst. Die eigenen Probleme werden klein gegenüber der Größe der Welt, die du beim Gehen ganz anders wahrnimmst.

Irgendwann kommst du an dein Ziel und fühlst dich wirklich angekommen. Du hast den Weg überwunden, durch eigene Anstrengung. Deine Gedanken sind geordnet. Vielleicht hast du neue Ideen, über die du sprechen möchtest. Hast du unterwegs etwas beobachtet, das du gern teilen willst? Ist dir der Rückweg zu Fuß zu weit, nutze öffentliche Verkehrsmittel oder nimm ein Taxi.

Tipp Möchtest du jemanden besuchen, der weiter als 15 Kilometer entfernt wohnt, könnt ihr auch einen Treffpunkt in der Mitte vereinbaren. So muss jeder nur die halbe Strecke gehen.

3 Augen zu und durch

Erkunde mit geschlossenen Augen die Natur

Wir haben fünf Sinne, allerdings setzen wir sie unterschiedlich intensiv ein. Am meisten verlassen wir uns auf die Augen. Hören, Tasten, Riechen und Schmecken sind meistens nur untergeordnet im Einsatz. Dadurch entgeht uns die halbe Welt! Vor allem in der Natur lohnt sich der Einsatz aller Sinne, um neue Eindrücke zu sammeln und andere Regionen des Gehirns anzusprechen. Deshalb: Augen zu und durch!

Du kannst allein oder mit Partner die Natur mit geschlossenen Augen erkunden. Zu zweit habt ihr mehr Möglichkeiten, da die Begleitperson, wenn nötig, Hilfestellung geben kann. Allein hast du dafür mehr Ruhe und kannst dich besser auf die verschiedenen Sinneseindrücke fokussieren.

Zieh deine Schuhe aus und geh mit geschlossenen Augen barfuß einige Schritte im Wald oder auf der Wiese. Bleib stehen und nimm deine Umgebung mit allen Sinnen wahr – außer mit den Augen. Setz dich auf den Boden und nimm Gegenstände in die Hand, die du mit geschlossenen Augen greifen kannst: Blätter, Steine, Äste, Erde. Wie fühlen sie sich an? Wie riechen sie? Du kannst dich auch auf allen vieren fortbewegen oder rückwärts gehen. Wenn ein See oder Bach in der Nähe ist, versuche, einige vorsichtige Schritte im Wasser zu gehen. Versuche, auf einem umgestürzten Baum zu balancieren, indem du dich behutsam mit den Füßen weitertastest. Du kannst auch probieren, eine kurze Strecke zu einem ausgewählten Ziel zurückzulegen und dich ohne deinen Sehsinn zu orientieren.

Du wirst nicht nur feststellen, dass sich die Welt anders anfühlt und anders anhört, als sie aussieht. Du wirst auch bemerken, dass du keineswegs nur fünf Sinne hast. Mit geschlossenen Augen kommt der Gleichgewichtssinn vermehrt zum Einsatz. Barfuß werden Temperatursinn und Schmerzempfinden angesprochen. Und je länger deine Augen zu sind, desto mehr verschwindet das Gefühl der Hilflosigkeit, das sich zunächst einstellt, wenn du sie schließt.

Tipp Seid ihr zu zweit, könnt ihr euch gegenseitig mit geschlossenen Augen führen. Dazu solltet ihr euch aber nur leicht mit den Fingern berühren und sehr langsam gehen, um die Sinneserfahrung des Geführten nicht zu schmälern.

4 Dein Open-Air-Kino

Fernsehabend mit Outdoor-Atmosphäre

Tatsache ist, wir verbringen viel Zeit mit Fernsehen. Der durchschnittliche Deutsche sitzt über drei Stunden täglich vor der Mattscheibe. Auch wenn es viele interessante Sendungen und Programme gibt, der Fernseher macht uns unweigerlich zu Couch-Potatos. Durchbrich doch einmal deine Feierabend-Routine und verleg deinen Filmabend in die Natur!

Stell dir vor, du schaust eine Dokumentation über den Klimawandel im Naturschutzgebiet. Oder einen Horrorfilm im dunklen Wald. Die Auswahl von Film und Location bestimmt die Atmosphäre deines Open-Air-Kinos. Mit der richtigen Begleitung ist ein Filmabend draußen zu zweit sogar fast so etwas wie das perfekte Date …

Dazu sollte der Akku deines Laptops voll sein, und am besten lädst du dir deinen Film oder die Dokumentation, die du schauen möchtest, vorher herunter. Die Netzabdeckung im Grünen lässt gern mal zu wünschen übrig. Jetzt brauchst du nur noch etwas zu trinken, vielleicht etwas zu knabbern, eine Picknickdecke oder einen Campingstuhl. Pack alles auf dein Fahrrad und suche dir ein schönes Plätzchen in der Natur. Das kann im Park nebenan sein, auf einer Lichtung im Wald, am Flussufer oder einfach auf der grünen Wiese. Perfekt ist eine Stelle, wo du den Laptop leicht erhöht aufstellen kannst, zum Beispiel auf einem Baumstumpf oder einem Stein.

Vielleicht fährst du sogar ein bisschen weiter raus und machst vor dem Filmabend eine richtige Fahrradtour? Dann solltest du darauf achten, dass dein Fahrradlicht für den Rückweg intakt ist. Wenn dir das alles zu viel Action ist, reicht als Szenenwechsel vielleicht auch schon dein Balkon oder Garten, die Dachterrasse oder ein Hinterhof. Bitte denke daran, dass sich andere Menschen und Tiere weniger über die Beschallung aus deinem Laptop freuen. An den meisten Orten draußen empfiehlt es sich daher, Kopfhörer zu benutzen oder den Ton sehr leise einzustellen.

Tipp Egal, ob allein oder zu zweit, besonders bequem sitzt es sich draußen auf einem Luftsofa. Das sind platzsparend zusammenrollbare Luftsäcke aus Nylon, die man einfach »aufbläst«, indem man sie durch die Luft schwingt.

5 Endstation Sehnsucht?

Ausflug ans Ende deiner Bus- oder Bahnlinie

Es gibt diesen Ort, dessen Namen du fast täglich liest, obwohl du noch nie dort warst. Die Rede ist nicht von Berlin, New York oder Brüssel. Gemeint ist der Ort, der in großen Lettern vorn auf deinem Bus oder deiner Bahn zur Arbeit steht: die Endstation. Wenn jemand von diesem Ort spricht, kommt er dir sofort bekannt vor. Vielleicht hast du dir unbewusst eine Vorstellung davon gemacht, wie es dort aussieht. Das tun wir in vielen Bereichen des Lebens. Wir bilden uns (unabsichtlich) eine Meinung ohne eigenes Wissen oder Erfahrung. Zeit, einmal einen Ausflug zur Endstation zu machen!

Nimm dir ein gutes Buch mit, steig in dein gewohntes öffentliches Verkehrsmittel und bleibe bis zur Endstation sitzen. Das erste Abenteuergefühl stellt sich schon ein, wenn du an deiner gewohnten Haltestelle vorbeifährst, ohne auszusteigen. Zum Ende hin hast du Bus oder Bahn fast für dich allein. Nur wenige Menschen fahren zur Endstation. Eine gute Gelegenheit, jemanden anzusprechen und von den Locals etwas über ihren Ort zu erfahren. Oft sind Endhaltestellen größere Orte, die einen Ausbau der Bus- oder Bahnlinie bis dorthin rechtfertigten. Nimm dir etwas Zeit, um deine Endstation zu erkunden. Mach einen Spaziergang, trinke einen Kaffee oder geh etwas essen. Endstationen bilden oft das äußere Ende großer Siedlungsgebiete. Vielleicht nimmst du dein Fahrrad mit und erkundest von dort aus die umliegende Natur? Was immer du an deiner Endhaltestelle entdeckst: Es wird die Art und Weise ändern, wie du über diesen Ort denkst.

Diese Erfahrung soll dich motivieren, deine Gefühle, Einstellungen und Meinungen auch in anderen Lebensbereichen zu hinterfragen. Führe unvoreingenommen Gespräche mit Menschen, die dir auf den ersten Blick eher unsympathisch erscheinen. Greif zu einem Buch, dessen Titel dich abschreckt. Probiere neue Dinge aus, auch wenn du sie zunächst kritisch betrachtest.

Tipp Fährst du nicht regelmäßig mit Bus oder Bahn, kannst du auch einen Ort auswählen, dessen Name dir geläufig ist, ohne dass du je dort warst, zum Beispiel Buxtehude, Amerika (Dorf in Niedersachsen) oder Billigheim.

6 Feuer und Flamme

Ein steinzeitliches Alltagsabenteuer

Eine der ältesten und wichtigsten Errungenschaften der Menschheit ist das Feuer. Es fasziniert und erschreckt uns gleichermaßen. Heutzutage sind wir meist froh, es in gezähmter Form mit Feuerzeug oder Streichhölzern zu entzünden. Aber schaffen wir es auch ohne diese Werkzeuge? Wage einen Versuch und entfache selbst ein Feuer – ohne klassische Hilfsmittel!

Aus Holz und einem Stück Schnur kannst du einen sehr effizienten Feuerbohrer bauen. Dazu benötigst du einen kurzen, runden, geraden Holzstab mit circa zwei Zentimetern Durchmesser: die Spindel. Außerdem brauchst du als Bohrbrett ein größeres, dickes Holzstück, auf welchem du deinen Bohrer aufsetzen kannst. Beides sollte aus weichem, vollständig trockenem, harzfreiem Holz sein. Pappel, Weide oder Linde eignen sich gut dafür. Nun fehlt noch der Bogen. Den baust du dir, indem du einen jungen Ast biegst und die Schnur zwischen seinen Enden spannst. Sie sollte mindestens 30 Zentimeter lang sein.

Runde die Spindel an einer Seite mit dem Taschenmesser etwas ab. Schnitze eine Vertiefung in dein Bohrbrett, in welcher du die Spindel gut aufsetzen kannst. Von dieser Vertiefung aus solltest du noch eine kleine Kerbe bis zum Rand deines Bohrbretts schneiden, durch die der heiße Abrieb herausrieseln kann. Unter die Kerbe legst du ein Stück Rinde, um den Abrieb aufzufangen. Wickle die Schnur des Bogens ein- oder zweimal um deine Spindel. Setze die Spindel in die Vertiefung. Fixiere dein Bohrbrett mit einem Fuß. Jetzt brauchst du nur noch einen Stein mit einer Mulde oder ein kleines breites Stück Holz als Druckstück, mit dem du von oben auf die Spindel drücken kannst. Unter diesem Druck bewegst du den Bogen hin und her, sodass sich die Spindel dreht. Sobald es anfängt zu qualmen, erhöhst du die Geschwindigkeit. Hast du genügend Abrieb in deiner Rinde gesammelt, gibst du Zunder dazu und bläst vorsichtig darauf, um die Glut zu entfachen.

Tipp Je leichter entflammbar dein Zunder ist, desto schneller entzündet er sich. Geeignete Materialien aus der Natur sind Löwenzahnsamen, Disteln, trockenes Moos, Birkenrinde oder Heu. Findest du nichts davon, kannst du von zu Hause einen auseinandergezupften Tampon oder Flusen aus der Waschmaschine mitbringen.

7 Flusswanderung

Zu Fuß im Wasser unterwegs

Wasser hat den Menschen schon immer fasziniert. Wir machen gern Urlaub am Meer, wandern zum See oder radeln am Fluss entlang. Aber bist du auch schon einmal *im* Fluss gewandert? Das Wasser dient dir als Pfad und bringt dich an Orte, die du von Wanderwegen aus nie sehen würdest. Im Fluss gehen und die Ufer betrachten ist ein spannender Wechsel von Elementen und Perspektive. Das fließende Wasser verlangsamt deine Bewegungen und schafft – trotz seiner Geräusche – eine meditative Stille.

Für eine Flusswanderung brauchst du naturgemäß einen Fluss oder Bach. Das Gewässer sollte nicht zu tief und nicht zu reißend sein. Bei größeren Flüssen ist es ratsam, in den Sommermonaten zu gehen, wenn der Wasserstand etwas niedriger ist. Auch kleinere Bäche sind für eine Flusswanderung ausreichend. Am besten trägst du Neoprenschuhe oder alte Turnschuhe. Ansonsten brauchst du als Ausrüstung einen (Wander-)Stock und einen Drybag, in dem du deine Wertsachen trocken transportieren kannst. Suche dir eine günstige Einstiegsstelle aus, an welcher du leicht ins Flussbett hinabsteigen kannst. Nutze den Stock, um dich zu stabilisieren oder Unebenheiten und Untiefen im Wasser zu ertasten. Natürlich ist es einfacher, mit der Strömung zu gehen als in die entgegengesetzte Richtung, beides ist aber möglich.

Geh langsam im Wasser, der Boden ist oft uneben und rutschig. Keine Sorge, die kalten Füße hast du bald vergessen. Du wirst erstaunt sein, wie viele Fische und andere Lebewesen du im Wasser und an den geschützten Uferböschungen entdeckst. Außerdem bist du nicht auf Wege am Flussufer angewiesen. Du kannst dem Flusslauf auch durch Engstellen und schmale Schluchten folgen. Führt der Fluss wenig Wasser, kannst du versuchen, von Stein zu Stein zu springen. Bist du mit Kindern unterwegs, eignet sich eine Flusswanderung perfekt, um Rindenschiffe schwimmen zu lassen.

Tipp Du kommst langsamer voran im Wasser, wähle daher für deine erste Flusswanderung eine Strecke von höchstens ein bis zwei Kilometern aus.

8 Freiluft-Abenteuer

Indoor-Aktivitäten nach draußen verlagern

Frische Luft ist gesund, das wusste schon deine Oma. Der Sauerstoffgehalt der Atemluft ist draußen höher als in schlecht belüfteten Innenräumen. Im Grünen sinken Herzfrequenz und Blutdruck automatisch und reduzieren dein Stresslevel. Sonne auf der Haut regt den Körper an, Vitamin D zu bilden und das Glückshormon Serotonin auszuschütten. Und trotzdem verbringen wir Nordeuropäer durchschnittlich 90 Prozent unserer Lebenszeit in Innenräumen. Warum eigentlich?

In diesem Alltagsabenteuer geht es nicht um außergewöhnliche oder aufregende Outdoor-Aktivitäten. Vielmehr soll es dich anregen, ganz alltägliche Indoor-Beschäftigungen einmal draußen auszuprobieren. Beginne gleich morgens mit Kaffeekochen und Frühstücken. Vielleicht hast du einen kleinen Camping-Gaskocher oder eine mobile Herdplatte? Wenn nicht, genieße wenigstens den fertigen Kaffee oder Tee draußen. Auch die Yogasession nach dem Frühstück lässt sich wunderbar an die frische Luft verlegen. Homeoffice oder mobiles Arbeiten geben dir die Möglichkeit, auch deinen Berufsalltag zeitweise im Freien zu verbringen. Zum Arbeiten mit dem Laptop wählst du dabei am besten ein schattiges Plätzchen. Reicht die Technik dafür nicht aus, geh wenigstens zum Telefonieren in den Hof. Viele Bürogebäude haben auch eine Dachterrasse – frag mal bei den rauchenden Kollegen nach.

Feierabend-Aktivitäten lassen sich überwiegend an der frischen Luft ausüben. Koche draußen oder setz dich mindestens zum Gemüseschneiden oder Salatputzen an den Gartentisch. Puzzles oder Brettspiele werden mit der richtigen Unterlage zur Outdoor-Beschäftigung. Auch Nähmaschine, Strick- oder Häkelnadeln funktionieren auf dem Balkon. Statt Fernsehabend kannst du mit deinem Laptop draußen dein eigenes Open-Air-Kino veranstalten (siehe Kapitel 4), und natürlich kannst du auch unter freiem Himmel schlafen (siehe Kapitel 71).

Tipp Freiluft-Abenteuer sind im Herbst und Winter noch wichtiger als in den Sommermonaten. Mit der richtigen Kleidung lässt sich eine Tasse Kaffee auch unterm Regenschirm genießen!

9 Frisbeegolf

Alte Sportart neu entdeckt

Wir sollten dringend mal wieder Sport machen! Uns draußen an der frischen Luft bewegen, am besten mit Freunden oder mit der ganzen Familie. Es sollte nicht zu anstrengend sein (wegen des inneren Schweinehunds), möglichst nichts kosten, und Spaß machen soll es auch noch. Kein Problem: Geh Frisbeegolf spielen!

In den meisten deutschen Haushalten findet sich irgendwo im Keller noch eine alte Frisbeescheibe. Mehr brauchst du nicht, um die neue Freiluft-Sportart auszuprobieren. Frisbeegolf kann man überall spielen, wo es ausreichend Platz gibt: im Park, auf (leeren) Straßen, im Wald … Am meisten Spaß macht es mit der Familie, Freundinnen oder Kollegen, du kannst aber auch allein spielen. Und so geht's: Legt gemeinsam einen Startpunkt und einen Zielpunkt für eure erste Frisbeebahn fest. Zwischen beiden Punkten sollten für den Anfang ungefähr 50 bis 100 Meter liegen. Der erste Spieler beginnt am Startpunkt und wirft die Frisbeescheibe Richtung Ziel. Dort, wo sie landet, startet er den zweiten Wurf. Ziel ist es, die Scheibe mit möglichst wenigen Unterbrechungen zum Endpunkt zu befördern. Zu Beginn solltet ihr eine Zielzone festlegen, in welche die Frisbeescheibe geworfen werden muss. Seid ihr schon etwas treffsicherer, könnt ihr als Endpunkt der Bahn auch einen großen Korb oder Karton aufstellen, in welchem die Scheibe mit dem letzten Wurf platziert werden muss. Wer die wenigsten Würfe bis zum Ziel benötigt, gewinnt die Bahn.

Um die Schwierigkeit zu steigern, vergrößert ihr bei der nächsten Bahn die Entfernung oder integriert Hindernisse, die überwunden werden müssen. Spielt ihr auf der Straße, empfiehlt sich eine weiche Wurfscheibe oder ein Wurfring, der keine Dellen in geparkten Autos hinterlässt. Extra für die offizielle Sportart »Discgolf« ausgelegte Frisbees sind für ein Spielen in der Öffentlichkeit wegen ihrer scharfen Kanten und hohen Fluggeschwindigkeit nur bedingt geeignet.

Tipp Soll die ganze Familie mitspielen, gibt es auch spezielle Kinderfrisbees, die leichter und handlicher sind. Viele Kinder sind begeistert davon, weil sie mit einer Frisbeescheibe viel weiter werfen können als mit einem Ball.

10 Hindernislauf

Überwinde Hindernisse, Ängste und den Schweinehund

Bei Abenteuern geht es oft darum, sich selbst zu überwinden, um neue bereichernde Erfahrungen zu machen. Der Hindernislauf ist praktisch die Urform des Alltagsabenteuers. Die Hindernisse sind hier nicht nur metaphorisch, sondern ganz real. So ein Lauf ist anstrengend, herausfordernd, vielleicht sogar beängstigend. Aber er vereint auch all die guten Seiten eines Abenteuers: Er ist aufregend, sorgt für jede Menge Adrenalin und macht – vor allem gemeinsam mit Freunden – unglaublich viel Spaß. Das Gefühl, nachdem du es geschafft hast, ist absolut berauschend.

Es gibt zahlreiche organisierte Hindernisläufe für Amateure in Deutschland. Die meisten haben actiongeladene Namen wie »Obstacle Run«, »Spartan Race« oder »Cross Challenge«. Auch in deiner Umgebung findet bestimmt ein solches Rennen statt. Auf einer mehr oder weniger langen Laufstrecke gilt es, verschiedene Hindernisse zu überwinden. Du musst Holzwände und Strohballen überklettern, an Seilen schwingen, durch Röhren kriechen, über Autoreifen balancieren oder Netzbrücken überqueren. Schwierigkeit, Art und Anzahl der Hürden variieren. Es geht nicht darum zu gewinnen, sondern ins Ziel zu kommen. Bei vielen Läufen kannst du mit Freundinnen als Team antreten, sodass ihr euch bei den verschiedenen Herausforderungen gegenseitig unterstützen könnt.

Meldet euch an und beginnt gemeinsam mit der Vorbereitung. Um zu wissen, was euch erwartet, schaut euch ein Video von der letztjährigen Veranstaltung an. Zum Trainieren eignen sich Outdoor-Fitnessparcours oder Spielplätze. Im Wald könnt ihr euch eigene Hindernisse aufbauen oder einfach mal wieder auf einen Baum klettern. Es ist übrigens nicht schlimm, wenn ihr nicht alle Hürden bezwingt. Ausgelassene Hindernisse kann man bei den meisten Läufen durch Burpees oder Liegestütze ausgleichen. Auch hierfür empfiehlt es sich, im Vorfeld zu üben.

Tipp Gönn dir die Freude, die Wettkampfstimmung und das Adrenalin eines Hindernislaufes. Du kannst alles schaffen. Außer es ist zu schwierig.

11 Im Entdeckermodus

Alltagsabenteuer Flussüberquerung

In unserer so erforschten und zivilisierten Welt scheint die Zeit unendlich weit weg, als es noch keine Wege gab, um unwirtliche Gebirge zu überwinden, und keine Brücken, um reißende Flüsse zu überqueren. Wäre es nicht spannend, zur Abwechslung einmal solche »echten« Hindernisse zu bezwingen, anstatt im 14. Meeting des Tages über Customer Relationship und Return on Investment zu diskutieren? Werde zum Entdecker und überquere einen Fluss!

Es muss nicht gleich ein reißender Strom sein, ein kleiner Bergbach genügt für dein erstes Alltagsabenteuer im Entdeckermodus auch. Je nach Breite und Fließgeschwindigkeit gibt es erstaunlich viele Möglichkeiten, einen Fluss zu überqueren. Über einen schmalen Bach baust du eine einfache Brücke. Ist der Bach breiter als die Äste oder Stämme, die du zum Darüberlegen findest, kannst du aus kurzen stabilen Ästen auch eine Leonardo-Brücke konstruieren. Gute Anleitungen dazu findest du kostenlos im Internet. Alternativ kannst du große Steine ins Wasser legen oder einen Damm errichten, um darauf den Bach zu überqueren.

Ist der Fluss etwas breiter, baust du dir ein Floß und paddelst darauf hinüber. Bei starker Strömung empfiehlt es sich, das Floß mit einem langen Seil an einem Baum am Ufer festzubinden. So läufst du bei deiner Flussüberquerung nicht Gefahr, zu weit abgetrieben zu werden. Wenn große Bäume über den Ufern wachsen, kannst du auch versuchen, dich mit einer selbst gebauten Tarzanschaukel hinüberzuschwingen. Dazu musst du lediglich ein Seil an einem möglichst weit über den Fluss ragenden, dicken Ast befestigen und am Seilende einen stabilen Stock festknoten.

Bevor du dich ins Abenteuer stürzt, solltest du checken, ob deine Flussüberquerung an der gewählten Stelle bezüglich Strömung, Felsen und dem weiteren Flussverlauf gefahrlos möglich ist. Denn auch die urzeitlichen Entdecker sind manchmal ins Wasser gefallen.

Tipp Breitere Stellen eignen sich für eine Überquerung meistens besser als Engstellen, weil dort Strömung und Wassertiefe geringer sind. Außerdem ist ein langer Stock als zusätzliche Stütze oder zum Abstoßen des Floßes oftmals hilfreich.

12 Kochen auf dem Lagerfeuer

(Nicht nur) ein kulinarisches Alltagsabenteuer

Über dem Lagerfeuer kochen ist ein Alltagsabenteuer mit Wiederholungspotenzial! Die Magie des Feuers und das Urtümliche traditioneller Zubereitungsmethoden müssen nicht gleich den Höhlenmenschen in dir wecken. Sie vermitteln aber ein besonderes Gefühl der Naturverbundenheit. Viele Lagerfeuergerichte werden nicht über den lodernden Flammen gekocht, sondern über der heißen Glut, wenn das Feuer bereits etwas heruntergebrannt ist. Das Abwarten des richtigen Zeitpunkts entschleunigt wohltuend nach der oft viel zu schnellen Taktung des Alltags.

Würstchen, Marshmallows, Stockbrot und Kartoffeln sind lecker, aber nicht die einzigen Lagerfeuergerichte. In einer gusseisernen Pfanne kannst du zur Vorspeise Nachos mit Käse überbacken. Ein feuerfester Topf eignet sich für ein Fondue als Hauptgericht. Ist das Feuer zu groß, solltest du die Fonduegabeln vorher mit Stöcken verlängern. Hast du kein feuerfestes Kochgeschirr, kannst du auch eine breithalsige Glasflasche oder -vase mit Alufolie umwickeln und darin One-Pot-Pasta mit Gemüse- oder Tomatensoße zubereiten. Stecke ein kleines Stück Stoff in den Hals der gefüllten Flasche. Wenn du sie fest mit einem Deckel verschließt, kann sie platzen. Die Flasche stellst du direkt neben das Feuer und dahinter einen großen Stein als Hitzereflektor.

Zum Dessert gibt es Schokobananen. Schneide die ungeschälten Bananen längs auf und stecke Schokoladenstückchen hinein. Anschließend legst du die Banane mit der geschlossenen Seite nach unten in oder direkt neben die Glut, bis die Schokolade geschmolzen ist. Wenn du lieber Kuchen zum Nachtisch möchtest, fülle Muffinteig in halbe Orangenschalen, decke ihn mit der zweiten Schalenhälfte zu und backe ihn in der Glut. Ist die Glut zu heiß, kannst du die Orange zusätzlich mit Alufolie umwickeln. Wer am Lagerfeuer übernachtet, kann über Nacht auch Frühstückseier in der warmen Asche garen.

Tipp Dein Feuer machst du am besten an einer offiziellen Feuerstelle oder mit einer Feuerschale im Garten. Oft sind Lagerfeuer auch an steinigen Flussufern erlaubt. Erkundige dich vorab.

13 Nach Hause navigieren

Abenteuerliche Heimwege aus unbekannt

Hunde, Katzen, Vögel, Fische und viele andere Tiere finden über oft riesige Entfernungen wieder nach Hause. Forscher gehen davon aus, dass sie dazu unter anderem das Magnetfeld der Erde nutzen. Auch wir Menschen nutzen diese Orientierungsmöglichkeit schon seit der Erfindung der ersten Vorläufer des Kompasses vor mindestens 1.000 Jahren. Nutze die Urform der Navigation, um den Entdecker in dir zu wecken, und mache dich mit einem Kompass auf den Heimweg!

Auf den Heimweg von wo eigentlich? Am besten fährst du mit einem öffentlichen Verkehrsmittel deiner Wahl eine oder mehrere Stationen von zu Hause weg und steigst dort aus. Du solltest für den ersten Versuch eine kurze Distanz zu deinem Wohnort wählen, etwa fünf bis zehn Kilometer. Hier ist der Startpunkt deines Orientierungsheimwegs. Außer dem Kompass, etwas Verpflegung und wettergerechter Kleidung benötigst du noch eine Landkarte mit möglichst großem Maßstab, am besten eine Wanderkarte. Bevor du startest, musst du die Karte einnorden. Dazu hältst du deinen Kompass möglichst ruhig und waagerecht, bis sich die Kompassnadel eingependelt hat. Dann drehst du das Gehäuse so lange, bis die Nadel auf der Nordmarkierung liegt. Nun richtest du deine Landkarte ebenfalls so aus, dass die obere Kante nach Norden zeigt. Deinen Startpunkt findest du auf der Karte bestimmt anhand der Haltestelle oder des entsprechenden Straßennamens.

Bestimme die Richtung, in der dein Zuhause liegt. Gehst du Richtung Osten, zeigt die Kompassnadel nach links (weil dort Norden liegt), gehst du Richtung Westen, zeigt sie nach rechts. Natürlich kannst du nicht direkt der Luftlinie folgen. Orientiere dich mit Hilfe der Karte, wo Hindernisse liegen, die du umgehen musst. Wenn du möchtest, kannst du jedes Mal, wenn du dich neu orientierst, deinen Standpunkt auf der Karte markieren. So kannst du später deine Route nachvollziehen.

Tipp Solltest du keinen Kompass besitzen oder ausleihen können, funktioniert als Ersatz auch eine Kompass-App auf deinem Smartphone. Diese Anwendungen berechnen die Himmelsrichtung unabhängig vom Erdmagnetfeld anhand verschiedener Sensoren.

14 Schietwedder-Wandern

Nichts für Schönwetter-Sportler

»Es gibt kein schlechtes Wetter, es gibt nur schlechte Ausrüstung.« Wir alle kennen diesen Spruch, und dennoch machen wir es uns (trotz guter Ausrüstung) bei Regenwetter lieber auf dem Sofa gemütlich, als uns hinauszuwagen. Dabei unterschätzen wir den Reiz einer Regenwanderung oder eines Regenspaziergangs ungemein! Warum du beim nächsten Regen nicht die Sofadecke, sondern den Friesennerz überziehen solltest?

Bei Regen hast du die Natur da draußen beinahe ganz für dich allein. Selbst sonntagnachmittags an sonst überlaufenen Ausflugszielen ist nichts los, und du kannst die Schönheit deiner Umgebung in Ruhe genießen. Zudem es ist wunderschön da draußen, wenn es regnet! Nebelschwaden und tief hängende Wolken schaffen oftmals eine mystische Stimmung. Höre auf das Prasseln des Regens, das Glucksen und Gurgeln um dich herum. Je nach deinem eigenen Empfinden kann die Natur bei Regen entweder nach Abenteuergeschichten klingen oder meditativ und beruhigend wirken. Die hohe Luftfeuchtigkeit und die klare Luft bei Regen sind gesund für die Atemwege. Wind und Regen zu trotzen hinterlässt das gute Gefühl, etwas erlebt zu haben. So ein kleines bisschen Heldenmut wirkt Wunder für das eigene Selbstvertrauen.

Und wer weiß? Vielleicht lässt der Regen nach, während du unterwegs bist. Dann fangen die Vögel an, aus Leibeskräften zu zwitschern, nasses Gras glitzert in der Sonne, und wenn du Glück hast, siehst du sogar einen Regenbogen. In Pfützen lassen sich dann großartige Fotoaufnahmen mit Spiegelungseffekt machen. Diese ersten Momente nach dem Regen fühlen sich stets nach Frühling an, sogar mitten im Herbst. Selbst wenn es bis zur Haustür weiterregnet: eine heiße Suppe, ein warmer Kakao oder ein Kaiserschmarrn schmecken anschließend doppelt so gut wie sonst – ganz zu schweigen vom Genuss einer warmen Dusche und der Gemütlichkeit der eingangs genannten Sofadecke.

Tipp Bei Gewitterrisiko solltest du lieber auf eine Regenwanderung verzichten. Vor allem in den Bergen ist die Gefahr eines Blitzeinschlags nicht zu unterschätzen.

15 Sich treiben lassen

Flussfahrt auf alten Reifen

Bootfahren kann jeder – aber hast du dich schon einmal auf einem Reifen, einer Luftmatratze oder einer Poolnudel den Fluss hinuntertreiben lassen? Nein? Dann solltest du es unbedingt einmal ausprobieren! Im Gegensatz zu einem Boot, das gesteuert und gerudert werden will, geht es beim sogenannten Tubing vor allem darum, loszulassen und sich von den natürlichen Bewegungen des Flusses davontragen zu lassen. Ein unheimlich entspannendes Alltagsabenteuer für heiße Sommertage.

Als Wasserfahrzeug eignet sich zum Beispiel der Schlauch eines ausgedienten Auto- oder Lkw-Reifens, den du an jeder Tankstelle aufpumpen kannst. Auch eine Luftmatratze ist ein gutes Fortbewegungsmittel. Hast du beides nicht zur Hand, ist auch eine Poolnudel ausreichend, in die du dich hineinsetzen kannst. Wichtig ist: Alle diese Gefährte schützen dich nicht vor dem Ertrinken. Du solltest also in jedem Fall schwimmen können und dich nur an Stellen in den Fluss wagen, an denen du auch ohne Hilfsmittel auskommen würdest. Generell kannst du dich auf jedem Fluss treiben lassen, in dem das Baden nicht verboten ist. Nimm vorher aber unbedingt die Strecke in Augenschein, die du zurücklegen möchtest. Gibt es gefährliche Stromschnellen, Schiffsverkehr, Wehre oder Wasserkraftwerke? Wo musst du vor solchen Gefahrenstellen spätestens das Wasser verlassen? Am besten erkundigst du dich beim zuständigen Amt über mögliche Gefahren.

Ein wasserdichter Packsack ist geeignet, um deine Kleidung, ein Handtuch und eventuell deine Wertsachen mitzunehmen. Eine Trinkflasche kannst du mit einer Schnur so an deinem Wasserfahrzeug befestigen, dass sie im Fluss mitschwimmt. So hast du immer eine kühle Erfrischung dabei. Je nach Fluss und Laune kannst du dich nur wenige hundert Meter treiben lassen und am Ufer zurücklaufen oder eine stundenlange Flussfahrt unternehmen und dabei die Seele baumeln lassen.

Tipp Seid ihr in der Gruppe unterwegs, könnt ihr eure Wasserfahrzeuge oder Reifen auch mit einem Seil zusammenbinden. So bleibt ihr nahe zusammen und könnt die Flussfahrt in netter Gesellschaft genießen.

16_Staycation

Urlaub in deiner Stadt

Warum in die Ferne schweifen, wenn das Gute liegt so nah … Tatsächlich hat Goethe das weder so gesagt noch so gemeint. In seinem Vierzeiler »Erinnerung« sprach er eigentlich davon, im Hier und Jetzt zu leben, anstatt in Erinnerungen zu schwelgen. Das ist natürlich auch kein schlechter Ratschlag. Wir wollen uns heute aber an das geflügelte Wort halten, das aus seinem Gedicht entstanden ist, und uns ins Abenteuer »Heimaturlaub« stürzen.

Kennst du all die verborgenen Winkel der nächstgelegenen Stadt? Die Geschichte hinter den touristischen Attraktionen? Lost Places? Gemütliche Ecken und besondere Läden? Wenn du nicht alle Fragen klar mit Ja beantworten kannst, wird es Zeit, einmal Tourist in deiner eigenen Stadt zu spielen! Dafür besorgst du dir am besten einen Reiseführer. Die Auswahl bestimmt gleichzeitig deinen Erkundungs-Schwerpunkt. Hast du Lust, mehr über die Geschichte deiner Heimat zu erfahren, wählst du einen historischen Führer. Möchtest du Unbekanntes entdecken, eignen sich die Reiseführer aus unserer Reihe 111 Orte hervorragend. Unter den 111 Sehenswürdigkeiten sind sicher einige, die du noch nicht kennst. Auch ein kulinarischer Reiseführer kann dir eine neue Seite der Stadt näherbringen. Suchst du die schönsten Fotospots deiner Umgebung, gib bei Instagram #deinestadt (zum Beispiel #münchen) ein. Es gibt auch nachhaltige Reiseführer, die dir zeigen, wo du plastikfrei einkaufen kannst, welche örtlichen Modelabels fair produzieren und wo du am besten klimafreundlich essen gehst.

Pack dir eine Trinkflasche und ein Vesperbrot in deinen Rucksack und ziehe mit deinem Reiseführer los. Gönn dir unterwegs ein Eis oder einen Cappuccino in einem Café, in dem du noch nie warst. Für das perfekte Urlaubsfeeling kannst du sogar eine Übernachtung in einer Pension oder einem Hotel buchen und am nächsten Tag den Frühstücksservice genießen!

Tipp Keine Lust, allein loszuziehen? Lade Freunde von nah oder fern ein und gib für sie den Guide. Gemeinsam macht Staycation doppelt so viel Spaß.

17 Trimm-dich-ohne-Pfad

Die Welt ist dein Sportgerät

Joggen ist öde, Fitnessstudio teuer und für regelmäßigen Mannschaftssport fehlt dir die Zeit? Es ist kein Geheimnis, dass beim Sport Endorphine ausgeschüttet werden, die uns glücklich machen. Trotzdem ist unser innerer Schweinehund oft fitter als wir. Nimm die Herausforderung an und mach aus deinem Workout ein Alltagsabenteuer!

Selbstverständlich kannst du auch zu Hause ohne Geräte trainieren. Die besten Sportgeräte bietet allerdings immer noch die Natur. Wenn du die Chance hast, dein Workout im Wald zu absolvieren, solltest du sie nutzen. Aber auch ein Park oder eine urbane Umgebung bieten viele Möglichkeiten.

Balance: Fang mit einer Aufwärmübung an. Ein umgefallener Baumstamm oder ein Randstein dienen als Balken, über den du hinüberbalancieren musst.

Beine: Geh in die Knie und lehne dich mit dem Rücken an einen Baum oder eine Wand. Deine Knie sollten einen Winkel von 90 Grad bilden. Halte die Position eine Minute lang.

Sprungkraft: Such dir einen breiten Baumstumpf oder eine Parkbank. Spring beidbeinig hinauf und rückwärts wieder hinunter. Bei jedem Baumstumpf beziehungsweise jeder Bank wiederholst du die Übung fünf Mal.

Arme und Rumpf: Ein großer Stein, ein umgestürzter Baum oder eine niedrige Gartenmauer eignen sich perfekt für vereinfachte Liegestütze, bei denen du die Hände erhöht aufsetzt. Alternativ kannst du auch einen Arm auf dem Boden aufstützen und in Seitenlage einen Fuß auf die Erhöhung legen. Bei diesem Seitstütz hältst du die Balance, indem du den zweiten Arm nach oben streckst und den zweiten Fuß auf dem ersten ablegst.

Arme: Hangle mit den Armen so weit einen Ast entlang, wie du es schaffst. Urbane Alternativen wären ein Klettergerüst oder Stangen, wie sie zum Spannen von Wäscheleinen in vielen Vorgärten stehen.

Tipp Mit einem Übungsband kannst du viele weitere Dehn- und Kraftübungen in dein Outdoor-Workout integrieren. Es ist leicht und passt in jede Hosentasche.

18 Urban Art

Botschaften auf Beton

Kunst schafft Verständigung. Sie inspiriert und gibt Raum für Identität. Die positive Wirkung von Kunst ist sehr vielfältig. Trotzdem fehlt vielen Museen und Kunstgalerien die Anziehungskraft, vor allem für jüngere Menschen. Mit dem Alltagsabenteuer Urban Art bist du fern von verstaubten Ölgemälden im Freien unterwegs und entdeckst kunstvolle Graffitis, Installationen oder Wallpaintings.

Zugegeben, nicht alles, was heute an den Wänden unserer Städte prangt, ist Kunst. Aber es gibt viele Graffitis und Wallpaintings, die die Bezeichnung Street-Art mehr als verdienen. Einige Kunstwerke stammen aus der Anfangszeit des Graffitis in Deutschland während der 60er bis 80er Jahre und spiegeln den Zeitgeist dieser Generation wider. Viele Wandbilder stellen auf künstlerische Art und Weise politische oder gesellschaftliche Kritik dar. Für größere Städte gibt es inzwischen oft Reiseführer oder sogar geführte Street-Art-Touren. Du kannst aber auch auf eigene Faust losziehen. Wohnst du auf dem Dorf, fährst du am besten mit dem Zug oder Bus in die nächstgrößere Stadt. Schon bei der Ankunft kannst du die Augen nach urbaner Kunst offen halten. In (Untergrund-)Bahnhöfen, Unterführungen und an Brückenpfeilern finden sich oft kunstvolle Graffitis. Suchst du große Wallpaintings oder außergewöhnliche Installationen, hol dir Tipps im Internet. Unter dem Hashtag #streetart und dem Namen der jeweiligen Stadt wirst du auf Instagram oder Pinterest sicher fündig.

Hast du ein Kunstprojekt entdeckt, das dich fesselt, nimm dir Zeit, es genau zu betrachten: die Auswahl der Farben, die Wirkung des Werkes in seiner Umgebung, die Details. Kunst soll uns zum Nachdenken anregen. Was wollte der Künstler damit ausdrücken? Wenn ihr zu zweit unterwegs seid, tauscht eure Eindrücke aus. Vielleicht siehst du in deinem Kontext andere Dinge als dein Gegenüber oder als die Schöpferin des Kunstwerkes.

Tipp Wenn du urbane Kunst fotografierst und anschließend auf Leinwand oder Holz drucken lässt, entsteht ein exklusives Kunstwerk für dein Wohnzimmer.

19_Von Ufer zu Ufer

Alltagsabenteuer Seeüberquerung

Aufbrechen und ankommen. Das sind die zwei Faktoren, die jeden Urlaub zu einem besonderen Erlebnis machen. Um aufzubrechen und anzukommen, musst du nicht unbedingt verreisen. Für das Alltagsabenteuer Seeüberquerung musst du nur bis zum nächsten Badesee fahren.

Bevor du dich in dein Schwimmdress wirfst und dich ins Wasser stürzt, solltest du einige Punkte beachten. Am besten überquerst du einen See schwimmend nicht allein. Deine Begleitung kann in einem kleinen Boot, auf dem Stand-up-Paddelboard oder notfalls mit einer Luftmatratze neben dir herschwimmen. Auf dem Rückweg könnt ihr tauschen, wenn ihr möchtet. So kommt ihr beide in den vollen Abenteuergenuss. Möchtest du die Seeüberquerung allein machen, solltest du eine Rettungsboje mitnehmen. Sie dient nicht nur als Auftrieb für den Notfall, sondern sorgt auch dafür, dass du von Booten oder anderen Wassersportlern gesehen wirst. Wähle eine Streckenlänge zur Überquerung aus, die deiner Fitness entspricht. Erkundige dich vorher über eventuellen Schiffsverkehr und nimm das Zielufer in Augenschein.

Bist du entsprechend vorbereitet, kann das Abenteuer beginnen. Die Überquerung eines Gewässers ist eine der effektivsten Methoden, um den Kopf frei zu bekommen. Du schwimmst motiviert los, lässt das Ufer hinter dir. Vor dir die Weite des Sees. Wenn du nach einer Weile zurückblickst, breitet sich die Weite komplett um dich herum aus. Ringsherum nichts als Wasser. Das andere Ufer kommt nur unendlich langsam näher. Im gleichen Maße verliert dein Gedankenkarussell an Geschwindigkeit. Du bist nur noch du, deine Schwimmzüge, deine Atmung. Und dann wird der Abstand zur Uferlinie plötzlich doch kleiner. Du weißt, dass du es schaffen kannst. Irgendwann spürst du festen Boden unter den Füßen und gehst die letzten Meter aus dem Wasser. Angekommen. Aus eigener Kraft geschafft. Das Wasser überwunden. Die Sonne wärmt dich.

Tipp Überschätze dich nicht. Ein ungeübter Schwimmer braucht mindestens eine halbe Stunde für einen Kilometer geschwommene Strecke im Freiwasser.

20 Winter-Picknick

Outdoor-Erlebnis für die kalte Jahreszeit

Warum gehen wir eigentlich immer nur im Sommer picknicken? Es ist viel zu heiß, die Schattenplätze am See sind alle belegt, und die Wespen mischen ordentlich mit. Verändere nur einen einzigen Aspekt des Gewohnten, und schon steckst du mitten im nächsten Alltagsabenteuer: In der kalten Jahreszeit wird ein Picknick zum Erlebnis!

Zunächst solltest du mindestens einen kleinen Spaziergang bis zum Picknickplatz einplanen, damit dir bei der Ankunft schön warm ist. Die Picknick-Ausrüstung kommt in deinen Rucksack oder auf einen Schlitten (wenn es Schnee hat). Eine isolierte Picknickdecke ist im Winter ein absolutes Muss. Selbst wenn es am Picknickplatz Bänke und Tische geben sollte: Holz gibt Kälte und Nässe fast ebenso schnell ab wie eine schneebedeckte Wiese. Außerdem gilt sich warm anzuziehen als oberstes Gebot. Am wichtigsten sind Thermounterwäsche und gefütterte wasserdichte Schuhe. Anstelle der Kühltasche solltest du beim Winter-Picknick Gaskocher und Thermoskanne mitnehmen. Statt kalte Limo oder Bier gibt es heißen Tee oder Glühwein. Auf dem Kocher kannst du eine Suppe oder ein einfaches One-Pot-Gericht zubereiten. Da die Lebensmittel unterwegs nicht verderben, kannst du vor Ort aus frischen Zutaten kochen. Wie wäre es mit Nudelsuppe mit Gemüse?

Trotz der besten Ausrüstung möchtest du beim Winter-Picknick nicht stundenlang auf der Decke herumsitzen. Bewegung ist gefragt! Wenn es Schnee hat, bau eine Schneebar oder ein Iglu. Zum Zeitvertreib kannst du mit deiner Begleitung auch Schnee-Scharade spielen: Dabei versucht eine Spielerin etwas aus Schnee zu bauen, und der andere muss raten, um was es sich handelt. Hat es keinen Schnee, sammelst du Holz für ein kleines Lagerfeuer. Vielleicht reicht es sogar, um ein paar Marshmallows zum Dessert zu grillen? Übrigens: Drei Liegestütze sind zum Aufwärmen viel effektiver, als fünf Minuten auf der Stelle zu hüpfen.

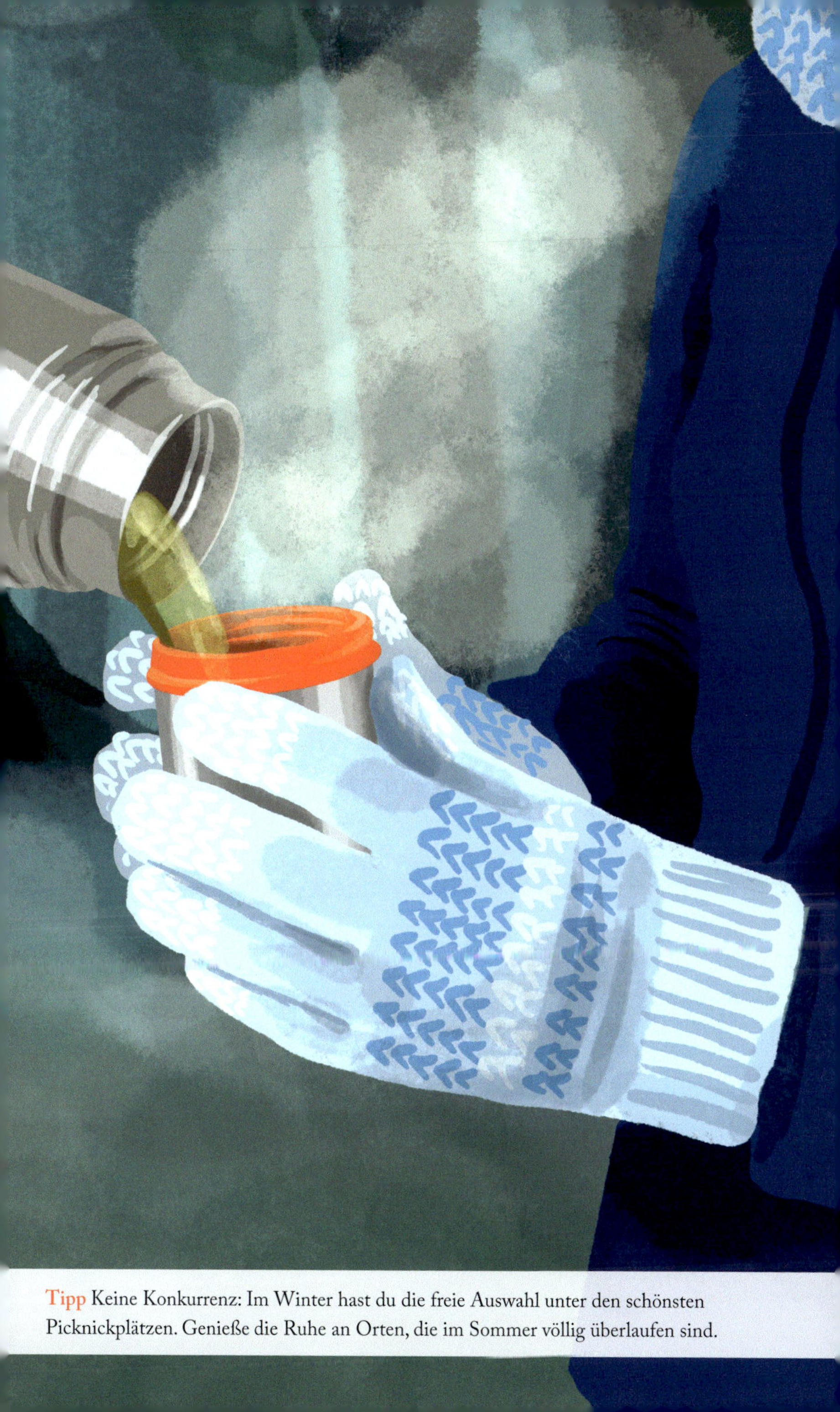

Tipp Keine Konkurrenz: Im Winter hast du die freie Auswahl unter den schönsten Picknickplätzen. Genieße die Ruhe an Orten, die im Sommer völlig überlaufen sind.

21 Zehn-Euro-Daytrip

Alltagsabenteuer mit begrenztem Budget

Reisen kostet viel Geld und erfordert sorgfältige Planung. Oder eben nicht. Beim Zehn-Euro-Alltagsabenteuer geht es darum, mit begrenztem Budget deine Umgebung zu entdecken. Wie weit kommst du mit zehn Euro? Was erlebst du? Und wem begegnest du unterwegs? Steck dir einen Zehner in die Tasche und stürz dich ins Abenteuer! Eine konkrete Anleitung gibt es für den Zehn-Euro-Daytrip nicht, der Reiz daran ist ja gerade das Zufällige. Wofür du deine zehn Euro ausgibst, bleibt dir überlassen. Nachfolgende Ideen können als Anregung dienen.

Du kannst zum Bahnhof gehen und dir ein beliebiges Hin- und Rückfahrticket für bis zu zehn Euro kaufen. Steige in den entsprechenden Zug und fahre, so weit dein Ticket dich bringt. Schaue unterwegs aus dem Fenster. Wenn es dir irgendwo gut gefällt, steigst du einfach früher aus. Vielleicht reicht das Geld auch für eine Bus-Tageskarte in deiner Stadt? Dann kannst du jederzeit aussteigen, wenn du etwas Interessantes entdeckst oder dir der Name einer Haltestelle gefällt. Hast du alles gesehen, besteigst du den nächsten Bus und fährst weiter. Möchtest du dein ganzes Geld für die Fahrkarte ausgeben, solltest du dir Verpflegung von zu Hause mitnehmen. Spannend ist aber auch die Erfahrung, sich komplett ohne finanzielle Ressourcen ernähren zu müssen. Du kannst in Restaurants, an Marktständen oder bei kleinen Läden fragen, ob Lebensmittel übrig sind, die nicht mehr verkauft werden können. Kostenlose, übrig gebliebene Lebensmittel findest du auch über Online-Plattformen wie foodsharing.de.

Natürlich kannst du dich auch zu Fuß oder mit dem Fahrrad auf den Weg machen. Dann bleiben dir die zehn Euro für Verpflegung oder Eintrittsgelder. Wildgehege, Sommerrodelbahnen oder Schwimmbäder kannst du oft für weniger als zehn Euro besuchen. Beim Besuch einer Sternwarte kannst du bis ins Weltall reisen. Komplett kostenlos sind Ausflugsziele in der Natur.

Tipp Nicht schummeln: Außer im absoluten Notfall solltest du nicht mehr als zehn Euro ausgeben. Du bringst dich sonst selbst um eine spannende Erfahrung.

22 Zielort: Zufall

Tippe mit geschlossenen Augen auf die Landkarte

Viele unserer Ausflüge, Urlaube und Abenteuer folgen doch immer wieder ausgetretenen Wegen zu altbekannten Zielen. Wir lesen Reiseführer oder Tourentipps im Internet. Freunde empfehlen uns sehenswerte Orte und gute Restaurants. Wirklich Neues entdecken kannst du aber erst, wenn du all die guten Ratschläge hinter dir lässt. Bei diesem Alltagsabenteuer ist nicht erst der Weg das Ziel, sondern bereits die Auswahl von Weg und Ziel.

Je nach gewünschtem Ausmaß deines Abenteuers und den dir zur Verfügung stehenden Fortbewegungsmitteln brauchst du zunächst eine geeignete Landkarte. Für den nächsten Urlaub kann das eine Deutschland- oder Europakarte sein. Planst du lediglich einen Sonntagsausflug zu Fuß oder mit dem Rad, genügt eine Wanderkarte deiner näheren Umgebung. Beides kannst du in deiner örtlichen Bibliothek ausleihen. Das Alltagsabenteuer beginnt bereits damit, dass du die Augen schließt und durch blindes Tippen auf die Karte dein Reiseziel festlegst. Der nächste Schritt besteht in der Planung: Wie kommst du dorthin? Ist der Ort mit öffentlichen Verkehrsmitteln und/oder dem Fahrrad erreichbar? Gibt es dort eine Möglichkeit zum Übernachten? Vielleicht einen kleinen Gasthof, der Zimmer mit Frühstück anbietet, oder einen Naturzeltplatz?

Wenn du möchtest, kannst du vor deiner Abreise recherchieren, was es vor Ort zu sehen oder zu erleben gibt. Unbedingt notwendig ist das aber nicht. Du kannst auch einfach hinfahren und dich ganz uninformiert am Zielort umsehen. Folge Schildern und Wegweisern oder frag Einheimische, wo du unbedingt hingehen und was du dir ansehen solltest. Lass dich vom leckeren Geruch (oder von deinem Hunger) in ein Restaurant locken und probiere die örtlichen Spezialitäten. Wenn du offen für Neues bist, hat jeder Ort seinen Charme – und du hast nach deinem Alltagsabenteuer auf jeden Fall etwas zu erzählen!

Tipp Lerne nicht nur einen neuen Ort kennen, sondern auch etwas über deine eigene Einstellung zum Unbekannten. Fühlst du dich unsicher ohne Reiseplan, oder bist du freudig gespannt, was dich erwartet?

Indoor-Abenteuer

Nicht immer zieht es uns raus in die Natur. An Regentagen oder wenn es nach der Arbeit abends schon dunkel ist, bleiben wir lieber zu Hause. Die gute Nachricht: Auch in deinen eigenen vier Wänden gibt es jede Menge zu erleben! Hol dir den Abenteuerspielplatz nach Hause und experimentiere mit Feuer und Wasser in deinem Wohnzimmer. Erweitere deine Wohlfühlzone, indem du die Nachbarschaft mit Selbstgemachtem eroberst und mit etwas Glück dabei neue Freundschaften schließt. Entdecke Minimalismus für dich und schaffe mit kleinen Tricks mehr Platz für die wesentlichen Dinge in deinem Leben.

Du bevorzugst es zu Hause etwas gemütlicher? Lass dich von einer Phantasiereise entführen oder entdecke bei einer digitalen Urlaubsreise fremde Länder und Landschaften von deiner Couch aus. Fokussiere dich darauf, was du im Leben erreichen möchtest, und schreibe einen Brief an dein zukünftiges Ich. Und wenn du vollkommen zur Ruhe kommen möchtest, schnapp dir eine Handvoll Sand und eine Pinzette und fülle Körnchen für Körnchen in ein kleines Glas.

Die Hürde für Indoor-Alltagsabenteuer ist besonders niedrig. Deshalb sind sie aber nicht weniger spannend. Das Neue im Gewohnten zu finden hat seinen ganz besonderen Reiz. Bleib zu Hause und probiere es aus!

23 Diät für die Augen

Essen im Dunkeln selbst gemacht

Das Auge isst mit. Oder eben nicht. Bevor wir ein neues Lebensmittel oder Gericht probieren, betrachten wir es erst einmal ausführlich. Sieht es nicht schmackhaft aus, hat es deutlich weniger Chancen auf Akzeptanz. Dabei sind unsere Geschmacksnerven vollkommen blind! Wer Geschmack purer und intensiver erleben möchte, schließt daher beim Essen die Augen. Geh noch einen Schritt weiter und genieße ein Dinner in völliger Dunkelheit.

Am größten ist der Effekt des Essens im Dunkeln natürlich, wenn man es nicht selbst gekocht hat. Du kannst dein Dinner in the Dark mit Freunden gestalten, und jeder ist für einen Gang zuständig. Bist du allein, kannst du auch einfach Essen bestellen. Wähle ein möglichst unbekanntes Gericht für eine intensive Geschmackserfahrung im Dunkeln. Das Dinner sollte am besten in einem Raum mit komplett schließenden Rollläden stattfinden. Selbst geringe Lichtquellen genügen dem menschlichen Auge, um mit der Zeit scharf zu sehen. Denke auch daran, sämtliche Standby-Geräte auszuschalten oder auszustecken. Kannst du den Raum nicht komplett abdunkeln, kannst du zusätzlich eine Schlafmaske oder Augenbinde verwenden. Bevor es dunkel wird, sollte das Essen komplett vorbereitet, auf dem Teller angerichtet und ein passendes Getränk eingeschenkt sein. Soll das Essen serviert werden, schließen die Gäste währenddessen kurz die Augen, und der Gastgeber nutzt eine kleine Lichtquelle. Andernfalls können Teller, Besteck und Gläser auch auf dem Tisch fertig vorbereitet werden, und die Gäste müssen sich im Dunkeln zu ihren Plätzen vortasten.

Die »Schwierigkeit« eures Dinners in the Dark könnt ihr selbst bestimmen. Suppe löffeln ist einfacher als Steak schneiden. Wer das Event eher spaßig gestalten möchte, kann Burger oder Wraps zum Selbstbelegen anbieten. Auch Soßen oder Ketchup zum Herumreichen stellen eine gemeinschaftliche Herausforderung dar.

Tipp Wähle ungewöhnliche Lebensmittel für dein Essen im Dunkeln. Hast du Gäste eingeladen, müssen alle während des Essens versuchen zu erraten, was sie auf dem Teller haben.

24 Digitale Urlaubsreise

Vom Sofa aus fremde Länder entdecken

Wir alle lieben Urlaub. Die Seele baumeln lassen, Neues entdecken und die Probleme des Alltags einfach zu Hause lassen. Leider sind sechs Wochen im Jahr eine sehr begrenzte Zeit, um diese Urlaubsfreuden zu genießen. Wenn du dich öfter urlaubsreif fühlst oder dich das Fernweh packt und du Lust auf einen Tapetenwechsel hast, verreise einfach digital! Das ist nicht nur günstig und bequem, vor allem fällt auch das lästige Packen weg.

Wo möchtest du gern einmal hinreisen? Klima, Entfernung, sprachliche Hürden, Kosten oder Gefahren am Urlaubsort spielen dieses Mal keine Rolle. Wenn du möchtest, koche dir zur Einstimmung ein landestypisches Gericht, mixe dir einen bunten Cocktail oder wirf dich in dein Lieblings-Urlaubsoutfit. Dann mach es dir auf der Couch bequem und genieße!

Für ein authentisches Anreisegefühl kannst du dir auf YouTube das typische Flugzeug-Sicherheitsvideo ansehen. Auch Videos oder Bilder vom Sonnenuntergang aus dem Flugzeugfenster findest du im Internet. Am Zielort angekommen, geht es erst einmal ins Hotel. Viele Hotels bieten virtuelle Rundgänge an und streamen ihre Aussicht live. Aber natürlich möchte man im Urlaub mehr sehen als den Strand vor dem Hotel. Kein Problem, spätestens seit der Coronapandemie gibt es von unzähligen Destinationen virtuelle Angebote.

Wem Online-Live-Stadtführungen und digitale Museumsrundgänge nicht aufregend genug sind, der bucht eine virtuelle Safari oder steuert per »Remote Tourism« einen echten Guide mit Kamera auf der Stirn über die Faröerinseln. In virtuellen Rundflügen kannst du dein Urlaubsziel aus der Vogelperspektive erkunden und beim Gipfel-Hopping die 360-Grad-Aussicht von den Gipfeln der Schweizer Berge genießen. Eine digitale Reise mit der Transsibirischen Eisenbahn ist ebenso möglich wie ein virtuelles Feuerwerk über der Sydney Opera. Gute Reise!

Tipp Wenn du keine Lust hast, dir deinen digitalen Urlaub selbst zusammenzustellen, kannst du inzwischen auch bei vielen Anbietern eine virtuelle Erlebnisreise buchen.

25 Fanpost

Schreibe einen Brief an …

Wann hast du zum letzten Mal einen Brief geschrieben? Ich meine einen richtig persönlichen Brief, handgeschrieben mit netten Worten, die nur für den Empfänger bestimmt waren? Ein Großteil der schriftlichen Kommunikation, egal, ob privat oder geschäftlich, läuft heute online ab. Das ist praktisch und zeitgemäß, und man kann ohne Aufwand Fotos mitschicken. Aber die Freude, wenn du einen »echten« Brief im Briefkasten findest, die Vorfreude beim Öffnen des Umschlags und das Gefühl beim Lesen können digitale Nachrichten nicht ersetzen.

Fragst du dich jetzt: *Wem* soll ich denn einen Brief schreiben? Und *was* soll ich da überhaupt reinschreiben? Die gute Nachricht ist: Fast jeder würde sich über einen Brief von dir freuen. Hast du ein Buch gelesen, das dich wirklich bewegt hat? Schreibe einen Brief an den Autor. Besonders junge und unbekannte Schriftsteller bekommen selten Post von ihren Lesern und freuen sich sehr über solche Rückmeldungen. Hast du einen Zeitungsartikel gelesen, mit dem du dich kritisch auseinandergesetzt hast? Schreibe einen Leserbrief an den Journalisten und lass ihn an deinen Gedanken teilhaben. Hast du eine alte Freundin oder eine Urlaubsbekanntschaft, die du seit Jahren nicht mehr gesehen hast? Schreib ihr, dass du dich gern an gemeinsame Erlebnisse erinnerst, und erzähle ein bisschen, was in deinem Leben gerade so los ist. Vielleicht gibt es eine Lehrerin, einen Jugendgruppenleiter oder Fußballtrainer, an dessen Ratschläge du als Erwachsener oft zurückdenkst und dem du gern schreiben möchtest, welchen Einfluss er oder sie auf dein Leben genommen hat. Oder schreib einfach deiner besten Freundin, wie dankbar du für eure Freundschaft bist.

Allein die Tatsache, dass du jemandem einen handschriftlichen Brief schickst, drückt bereits deine Wertschätzung für den Empfänger aus. Ein persönlicher Brief ist ein richtiges kleines Geschenk.

Tipp Gute Gedanken sind es wert, geteilt zu werden. Ein Brief ist der richtige Ort, um die vielen unausgesprochenen Gedanken des Lebens festzuhalten.

26 Fast vergessen

Wiedersehen nach Jahren

Am meisten prägen die Menschen unser Leben, die uns im Alltag umgeben: Freunde und Familie, Kolleginnen und Nachbarn. Manche kennen wir schon ewig, andere verlieren wir aus den Augen. Fragst du dich manchmal, was aus Katharina geworden ist, die in der dritten Klasse weggezogen ist? Oder aus Steffen, den du beim Backpacken in Vietnam getroffen hast? Und was macht eigentlich dein Chef, bei dem du damals in der Ausbildung warst? Frag sie doch einfach mal!

Die Zahl der Personen, mit denen wir regelmäßig Kontakt haben, ist klein im Vergleich zur Zahl derer, die wir im Leben bereits kennengelernt haben. Schade eigentlich, denn sicher sind auch Menschen darunter, die unser Leben heute noch bereichern würden. Natürlich ist es nicht möglich, alle Verbindungen aufrechtzuerhalten. Es schadet aber auch nicht, ab und an zurückzudenken und einen Kontakt neu zu beleben. Die Auswahl ist einfach: Wenn du das nächste Mal zufällig an jemanden denkst, den du seit mindestens fünf Jahren nicht gesehen hast, recherchiere seine Kontaktdaten. Möchtest du sofort loslegen und dir fällt nicht auf Anhieb jemand ein, krame ein altes Fotoalbum hervor oder stöbere in deinem digitalen Archiv. Hier findest du bestimmt Schnappschüsse von Menschen, die du gern wiedersehen möchtest.

Handynummern und E-Mail-Adressen bleiben oft über Jahre dieselben. Auch Social-Media-Profile sind eine gute Anlaufstelle. Die Eltern alter Freunde wohnen oft noch im selben Ort und stehen ganz klassisch im Telefonbuch. Oder du fragst gemeinsame Bekannte. Ruf an, schreibe eine E-Mail oder einen Brief. Tauscht Erinnerungen aus und verabredet ein Wiedersehen. Es ist spannend zu sehen, wie sich andere verändert haben, aber auch, wie sich das eigene Leben weiterentwickelt hat. Wolltest du nicht eine Band gründen? Fotograf werden? In die Politik gehen? Nutze die Impulse, die der Flashback in die Vergangenheit dir liefert!

Tipp Wenn du etwas nervös vor einem Wiedersehen bist, bring alte Fotos oder alte Musik mit. Sie können als Eisbrecher dienen und erleichtern den Gesprächseinstieg.

27 Forscherglück

Experimente für dein Wohnzimmer

Kinder lieben Experimente. Ein Mentos in eine Colaflasche werfen und mit großen Augen die Fontäne bestaunen, die aus der Flasche herausschießt: Steckt dieser Entdeckergeist noch in dir? Die Kräfte von Physik und Chemie auszutesten gehört zu den besten Learning-by-doing-Erfahrungen. Experimente machen uns neugierig, die ungewohnte Materie regt unsere Wissbegierde an, und die kleinen Erfolge wirken als Mini-Energiebooster in unserem Alltag.

Feuer unter Wasser: Du brauchst zehn Wunderkerzen, Klebefilm, ein großes Glas Wasser, ein Feuerzeug und Handschuhe oder eine Zange. Nimm die Wunderkerzen als Bündel in die Hand und umwickle die Brennstäbe von unten nach oben mit Klebeband, sodass nur noch die oberen zwei Zentimeter herausschauen. Zünde das Wunderkerzenbündel dort oben an und stecke es kopfüber ins Wasserglas. Benutze dazu Handschuhe oder eine Zange. Die Kerzen brennen unter Wasser weiter! Warum löscht Wasser eigentlich Feuer? Wasser löscht, indem es dem Feuer Sauerstoff und Wärme entzieht. Beides wirkt in diesem Fall nicht. Wunderkerzen enthalten Bariumnitrat, bei dessen Verbrennung neuer Sauerstoff freigesetzt wird. Die Bündelung mehrerer Wunderkerzen sorgt stetig für die notwendige Zündtemperatur.

Gezeichnete Schiffe schwimmen lassen: Nicht nur gefaltete Schiffchen können schwimmen, auch gemalte! Du brauchst dafür eine flache Auflaufform aus Glas oder einen Handspiegel, einen Whiteboardmarker und Wasser. Zeichne mit dem Marker ein kleines Schiff auf den Boden der Glasschale oder auf den Spiegel. Lasse es einige Minuten antrocknen. Dann gibst du vorsichtig von der Seite etwas Wasser in die Schale oder auf den Spiegel. Beim Trocknen ist der Alkohol aus der Farbe verdampft. Das Wasser löst die verbleibenden zusammenhängenden Farbpigmente vom Untergrund ab. Dein gemaltes Schiff löst sich vom Untergrund und schwimmt!

Tipp Wunderkerzen eignen sich nicht nur zum Experimentieren mit Feuer. Du kannst damit auch die Phänomene der Optik erforschen. Mit Hilfe von Selbstauslöser, Stativ und einer langen Belichtungszeit kannst du ihre Funkenspur in der Dunkelheit fotografisch festhalten und so ganze Lichtbilder zeichnen.

28 Freunde selber machen

Erobere deine Nachbarschaft mit Selbstgemachtem

Meistens kennen wir unsere direkten Nachbarn – zumindest vom Sehen. Aber welche Hobbys haben sie, und was machen sie beruflich? Wer wohnt eigentlich im siebten Stock? Wie heißt der ältere Herr mit dem Hund zwei Häuser weiter? Und wem gehört der Garten mit dem lustigen Holzmonster in der nächsten Querstraße? Mit diesem Alltagsabenteuer können aus Nachbarn Freunde werden. Es gibt nur wenig, was unser Leben mehr bereichert als richtig gute Freunde, die so nahe wohnen, dass man spontan gemeinsam einen Kaffee trinken kann. Nutze die Chance, sie zu finden!

Zunächst brauchst du – im wahrsten Sinne des Wortes – einen »Door opener«, also einen Türöffner. Damit ist natürlich kein Einbruchswerkzeug gemeint. Vielmehr stammt der Begriff aus dem Marketing und bezeichnet eine Aktion oder einen Gegenstand, der den Erstkontakt zu potenziellen Kunden erleichtert. Als Türöffner für dein Nachbarschaftsabenteuer eignet sich am besten etwas Selbstgemachtes. Eine Bloggerin aus Berlin hat beispielsweise 200 Kuchen gebacken und damit ihre Nachbarschaft erobert. Natürlich geht es auch eine Nummer kleiner. Selbstgebackenes ist sicher immer eine gute Idee. Auch selbst gemachte Marmelade oder Pesto, selbst gestaltete Türkränze oder Gartendeko funktionieren als »Door opener«. Wenn du zusätzlich ein wenig mehr Nachhaltigkeit in deiner Nachbarschaft verbreiten möchtest, bieten sich auch selbst gemachte Bienenwachstücher, gehäkelte Spüllappen oder selbst hergestellte Seifen an.

Klingle nebenan, stelle dich kurz vor und übergib dein Mitbringsel. Bekommst du eine freundliche Reaktion, kannst du fragen, ob deine Nachbarin Kaffee zum Kuchen oder Nudeln zum Pesto dahat. Bekommst du eine Absage, verabschiede dich freundlich und nimm es nicht persönlich. Nicht jeder Nachbar kann ein guter Freund werden. Wirst du hereingebeten, ist der erste Schritt zu einer freundschaftlichen Beziehung getan!

Tipp Das erste Türklingeln kostet Überwindung, beim zweiten Mal ist es schon viel einfacher! Suche dir für deinen ersten Besuch einen älteren Menschen aus der Nachbarschaft aus. Sie freuen sich oft besonders über etwas Abwechslung und Gesellschaft.

29 Küchen-Disco

Warum Tanzen ein Wundermittel ist

Es wird zu wenig getanzt! Vielleicht bist du eine Ausnahme, aber die allermeisten Menschen über 25 tanzen viel zu wenig. Du tanzt nicht gern? Du findest, du siehst peinlich aus beim Tanzen? Macht nix, tanz allein! Mach das Licht aus oder sorge mit einer Kostümparty dafür, dass alle anderen ebenso peinlich aussehen, wie du dich fühlst. Und warum das alles? Weil Tanzen ein Wundermittel ist!

Tanzen macht glücklich. Das ist nicht nur eine Phrase. Mit jeder Bewegung wächst dein Selbstvertrauen beim Tanzen. Zunächst kostet es die meisten von uns Überwindung, sich frei zur Musik zu bewegen. Aber wenn du dich erst mal getraut hast und den Rhythmus spürst, fühlst du dich automatisch kraftvoller. Wenn du Zweifel hast, starte deine erste Tanzsession am besten allein zu Hause in der Küche. Schalte beim Kochen deine Lieblingsmusik ein und genieße ein Getränk dabei. Egal, ob du rhythmisch Gemüse schnippelst oder Töpfe und Pfannen schwungvoll aus der Schublade ziehst – im ersten Schritt geht es nur darum, deine Bewegungen zu lockern und die Musik wahrzunehmen. Auch beim Ausräumen der Spülmaschine und Putzen lässt es sich wunderbar tanzen. Jetzt dreh die Musik lauter und bewege dich durch die ganze Wohnung. Du musst dabei nicht cool aussehen. Du musst dich vor allem frei fühlen! Ob du dabei elegante Pirouetten drehst oder wild mit der Luftgitarre auf dem Bett herumhüpfst, spielt keine Rolle.

Tanzen macht kreativ. Es unterstützt das Gehirn darin, neue Denkmuster zu entwickeln und Verbindungen zu schaffen. Manche Forscher gehen sogar davon aus, dass Tanzen vor Demenz schützen kann. Natürlich ist Tanzen auch gesund für deinen Körper – und zwar in jedem Alter! Es schult Motorik, Koordination und Gleichgewichtssinn, trainiert Ausdauer und die wichtige Stützmuskulatur. Tanze allein, mit deinem Partner oder mit Freunden bei jeder Gelegenheit, gute Laune ist garantiert!

Tipp Auch in der Natur zu tanzen ist ein tolles Erlebnis. Setz dir Kopfhörer auf und genieße die Freiheit beim Tanzen im Wald oder auf der Wiese!

30 Lieblingsort nachbauen

Hol dir das Abenteuer nach Hause

Eiffelturm, Südseepalmen oder Berghütte: Wo wärst du gerade am liebsten? Wenn der letzte Urlaub schon viel zu lange her ist und der nächste noch nicht in greifbarer Nähe, hol dir deinen Lieblingsort nach Hause! Beim Bauen und Basteln kommt nicht nur Urlaubsfeeling auf, die kreative Betätigung steigert auch dein Wohlbefinden. Und keine Sorge, du musst nicht wahnsinnig künstlerisch begabt sein, um deinen Lieblingsort nachzubauen. Schließlich kommt es nicht auf gestalterische Perfektion an, sondern darauf, einen Hauch von Freiheit und Abenteuer in dein Wohnzimmer zu holen.

Wenn du Kinder hast, kannst du dich im Nachbau deiner Wunschdestination klassischer Mittel wie Legosteinen oder Bauklötzen bedienen. Die Kinder unterstützen dich sicher auch gern in der Bauherrschaft. Hast du keine solchen Baumaterialien zur Hand, musst du deinen Wunschort etwas phantasievoller gestalten. Für die Errichtung von Bauwerken wie dem Eiffelturm eignen sich Holz, Karton und Zahnstocher. Aber auch mit Keksen und Zuckerguss kannst du tolle Landschaften und Gebäude erschaffen.

Südseepalmen entstehen aus leeren Toilettenpapierrollen oder Korken und grünem Tonpapier. Wenn du das Südseefeeling in XXL möchtest, müssen deine Zimmerpflanzen dafür herhalten. Trage alle zusammen, stelle dazwischen ein Planschbecken auf oder lege eine blaue Decke auf den Boden. Spann den Sonnenschirm auf und mixe dir ein buntes Strandgetränk. Kulinarische Palmen auf dem Teller kannst du aus einer Banane und mehreren Kiwi-Schnitzen gestalten. Mandarinen- oder Apelschnitze bilden die dazugehörige Insel.

Die Miniatur-Berghütte baust du am besten aus Stöcken und gestaltest die Umgebung aus Moos und anderen Naturmaterialien. Küchenelfen nutzen Schokoladentafeln oder Lebkuchen als Baumaterial. Für die passende Schneelandschaft eignen sich Marshmallows, Schlagsahne oder Kokosraspeln.

Tipp Fehlt dir die passende Idee zum Nachbau deines Lieblingsortes, lass dich von der Bildersuche einer Suchmaschine oder des Social Networks deiner Wahl inspirieren!

31 M wie Mahlzeit

Koche deinen Namen

Essen kann ein Abenteuer sein. Hier geht es aber nicht darum, Heuschrecken oder 1.000-jährige Eier zu verspeisen. Vielmehr soll eine größere Vielfalt auf deinem Speiseplan die Freude am Kochen und Essen neu beleben. Anregungen, um die Alltagsroutine in deiner Küche zu unterbrechen, liefert das Alphabet. Wie häufig pro Monat gibt es bei dir Pasta? Ist ja auch einfach und lecker. Aber vor dem P stehen 15 andere Buchstaben im Alphabet und weitere zehn danach!

Am ersten Tag kochst du ein Gericht, das mit dem Anfangsbuchstaben deines Namens beginnt. Für die Auswahl eignet sich ein klassisches Kochbuch mit einem alphabetischen Inhaltsverzeichnis. Aber auch online findest du viele Rezeptlisten von A bis Z. Am nächsten Tag ist dann eine Mahlzeit dran, die mit dem zweiten Buchstaben deines Namens beginnt, und so weiter. Kommt ein Buchstabe zum zweiten Mal vor, ändern sich die Spielregeln. Koche ein Gericht, das möglichst nur aus Zutaten besteht, welche mit diesem Buchstaben anfangen. Wäre ein Buchstabe sogar zum dritten Mal an der Reihe, kannst du ein landestypisches Essen wählen, dessen Herkunftsland mit diesem Buchstaben beginnt.

Vielleicht machst du daraus auch eine Dinnerrunde mit deinen Freunden? Jeder kocht ein Gericht mit dem Anfangsbuchstaben seines Namens und lädt dazu ein. Ihr könnt Vorspeise, Hauptgang und Dessert auf verschiedene Köche aufteilen. Außerdem könnte jemand mit dem ersten Buchstaben seines Namens beginnende Cocktails mixen. Alternativ kann auch jeder eine Zutat mitbringen, die mit seinem Anfangsbuchstaben beginnt. Daraus müsst ihr dann gemeinsam eine schmackhafte Mahlzeit zubereiten. Vielleicht sorgt ihr dafür, dass Klaus Kartoffeln mitbringt, sodass ihr am Ende in jedem Fall alle satt werdet.

Möchtest du deinen Speisezettel langfristig aufpeppen, kannst du auch das ganze Alphabet durchkochen: Auberginen-Auflauf, Burger, Canelloni, Dampfnudeln, Erbsensuppe …

Tipp Noch schwieriger, als jeden Tag eine Mahlzeit mit einem anderen Anfangsbuchstaben zu kochen, ist es übrigens, mehrere Tage lang verschiedene Gerichte zu kochen, die mit demselben Buchstaben beginnen.

32 Magischer Kartentrick

Tauch ein in die Faszination des Zauberns

Vieles hat durch technologischen Fortschritt und Digitalisierung an Faszination verloren. Nicht so die Magie. Ob jung oder alt, Zaubertricks begeistern Menschen heute noch ebenso intensiv wie vor 100 Jahren. Mit offenem Mund stehen wir da und fragen uns: Wie hat sie das nur gemacht? Dabei sind die einfachen Tricks ohne aufwendiges Material die faszinierendsten. Möchtest du auch einmal in die Rolle des Magiers schlüpfen?

Beim Erlernen eines Kartentricks trainierst du nicht nur Konzentration, Feinmotorik und dein Pokerface. Die Vorführung erfordert auch ein gewisses Maß an Selbstvertrauen. Du übst also gleichzeitig deine Bühnenpräsenz – eine Stärke, die dir bei der nächsten Präsentation im Meeting mit der Geschäftsführung zugutekommt. Zum Starten wählst du einen einfachen Trick, bei dem es nicht auf perfektionierte Fingerfertigkeit ankommt. Du benötigst ein Deck mit 21 verschiedenen Karten. Gib den Stapel deinem Gegenüber in die Hand (das schafft Vertrauen) und lass es eine Karte auswählen. Die Karte verbleibt im Stapel. Nun mischst du und teilst Karte für Karte auf drei gleich große Stapel aus. Lass deinen Zuschauer alle Stapel ansehen und frage, in welchem sich seine Karte befindet. Lege die drei Stöße aufeinander. Achte darauf, dass sich der Stapel mit der gesuchten Karte in der Mitte befindet. Nicht mischen! Dasselbe machst du noch zwei weitere Male. Danach befindet sich die gesuchte Karte genau in der Mitte des Kartendecks, also an der elften Position.

Du kannst die Karten nun in der Hand auffächern und zielsicher die mittlere herausgreifen. Oder du deckst die Karten nacheinander auf, zählst leise mit, betrachtest sie intensiv und sagst bei der elften Karte: »Du hast natürlich die Pik Fünf (Herz Vier, Karo König …) gewählt.« Du bist nervös, vor Publikum aufzutreten? Ein bisschen Lampenfieber macht den Reiz des Alltagsabenteuers doch erst aus!

Tipp Probiere deinen Kartentrick zuerst vor Kindern oder vor deinen (Groß-)Eltern aus. Sie sind meistens ein aufmerksames und wohlwollendes Publikum.

33 Nachricht in die Zukunft

Schreibe einen Brief an dich selbst

Jede Entscheidung, die du triffst, kann dein Leben beeinflussen. Wie wäre dein Leben heute, wenn du einen anderen Beruf erlernt hättest? In eine andere Stadt gezogen wärst? Deine Jugendliebe (nicht) geheiratet hättest? Noch viel spannender ist aber: Wie wird sich dein Leben ab heute weiterentwickeln?

Wolltest du als Kind Feuerwehrmann oder Polizistin werden? Clown? Zur Müllabfuhr? Heute sind deine Zukunftsvorstellungen vielleicht realitätsnäher. Trotzdem weißt du nicht, wie dein Leben in zehn Jahren aussehen wird. Wie willst du wohnen oder arbeiten? Mit wem möchtest du leben, und welche Träume möchtest du dir erfüllen? Welche Wünsche hast du an die Entwicklung deines näheren und weiteren Umfelds, vielleicht der ganzen Welt? Schreib einen Brief an dich selbst und formuliere alle deine Gedanken zu deiner Zukunft darin aus. Vielleicht fügst du noch etwas hinzu, was du deinem künftigen Ich beim Lesen des Briefes wünschst oder woran du es erinnern möchtest. Dann klebst du den Brief fest zu und schreibst ein Datum in zehn Jahren darauf, wenn du ihn öffnen möchtest. Bewahre den Brief an einem Ort auf, wo er zwar vorübergehend in Vergessenheit geraten, aber nicht verloren gehen kann. Das könnte beispielsweise dein Familienstammbuch oder ein Fotoalbum sein. Bist du mehr der digitale Typ, kannst du dir auch selbst eine E-Mail schreiben. Es gibt (kostenlose) Online-Services, die eine E-Mail zu jedem beliebigen Zeitpunkt in der Zukunft zustellen. Voraussetzung ist natürlich, dass sich deine E-Mail-Adresse nicht ändert.

In diesem Alltagsabenteuer wirst du über die langfristigen Wünsche und Träume für dein Leben nachdenken. Und wenn du erst mal weißt, was du erreichen möchtest, fokussierst du (un)bewusst dein Handeln darauf. In zehn Jahren ist es dann entweder eine wunderbare Erinnerung oder der Weckruf »Hey, du hattest doch Träume. Was ist daraus geworden?«.

Tipp Wenn sich dein Leben gerade im Umbruch befindet oder du einfach zu neugierig bist, um zehn Jahre zu warten, kannst du die Frist bis zum Öffnen des Briefes natürlich auch auf zwei oder fünf Jahre setzen.

34 Phantasiereise

Erholung für Körper und Geist

Es gibt viele Gründe, warum wir gern verreisen. Urlaub schafft eine Pause vom Arbeitsstress, wir dürfen neue Orte entdecken, faul sein und uns entspannen. Wir durchbrechen den Alltagstrott und laden unsere Akkus auf. Eigentlich hat man das fast jede Woche nötig. Leider hat niemand so viele Urlaubstage. Zum Glück erzielt eine Phantasiereise dieselben Effekte und benötigt weder Urlaubstage noch -budget. Brich einfach auf und lass dich von einer Traumreise ins Land der Entspannung entführen.

Im Internet findest du ein großes Angebot sogenannter Phantasie- oder Traumreisen. Diese Geschichten erzeugen wohltuende Bilder in deiner Gedankenwelt. Suche mit einem Zusatzbegriff zur Landschaft, in die du gern reisen möchtest: Strand, Meer, Wald, Wiese, Berg, Schnee, See, Himmel, Sterne, Herbst. Es gibt auch Texte zu konkreten Orten, Tieren oder Begebenheiten, wie beispielsweise Afrika, Schmetterlinge oder Plätzchen backen. Möchtest du die Traumreise allein genießen, brauchst du eine Audiodatei zum Anhören. Seid ihr zu zweit, könnt ihr auch einen Text wählen und ihn euch gegenseitig vorlesen. Zur Vorbereitung der Reise schaffst du eine angenehme, ruhige Atmosphäre ohne Störfaktoren und machst es dir gemütlich. Am besten entspannst du in Rückenlage mit geschlossenen Augen. Die meisten Texte enthalten einige Anweisungen zur Entspannung, bevor die wirkliche Reise losgeht. Dabei spürst du deine Gliedmaßen einzeln und lässt sie ganz schwer auf den Boden sinken. Die so herabgesetzte Muskelspannung fördert seelische Entspannung.

Die Geschichte selbst erzählt stark bildbetonte Erlebnisse mit positiven Sinneseindrücken, in die du dich leicht hineinversetzen kannst. So geht dein Geist auf Reisen, während dein Körper entspannt. Zur Rückkehr von deiner Phantasiereise atmest du tief durch, gähnst und streckst dich. Du wirst dich so erholt fühlen, als wärst du wirklich dort gewesen.

Tipp Bevorzugst du Texte zum Anhören, findest du bei vielen Musik-Streaming-Diensten inzwischen ganze Playlists mit Phantasiereisen. Oft sind sie von derselben Person eingesprochen, sodass du schnell deinen Lieblingssprecher findest.

35 Profi in vier Wochen

Was ich schon immer einmal können wollte

Was würdest du gern können, was bislang nicht unbedingt zu deinen Talenten zählte? Oft sind das kleine Dinge, die wir an anderen bewundern, an die wir uns selbst aber irgendwie nicht heranwagen. Möchtest du gern zeichnen können? Fotografieren? Klimmzüge? Kopfstand? Einen Blog schreiben? Häkeln? Spanisch sprechen? Gitarre spielen? Einrad fahren? Jonglieren? Programmieren? Erfülle dir deinen Wunsch mit diesem Alltagsabenteuer!

Übung macht den Meister, nur hat die Zeit des Übens für die meisten von uns mit dem Schulabschluss ein Ende gefunden. Zehn bis 15 Minuten täglich sind mehr als ausreichend. Den meisten Menschen fällt es am leichtesten, eine neue Gewohnheit während der Morgenstunden zu etablieren. Du möchtest zeichnen lernen? Zeichne jeden Morgen nach dem Frühstück dasselbe Motiv. Nutze verschiedene Farben und Zeichentechniken. Bewahre alle Bilder auf, damit du deine Entwicklung beobachten kannst und siehst, mit welchen Materialien du die besten Ergebnisse erzielst. Auch fürs Fotografieren kannst du mehrmals hintereinander dasselbe Motiv wählen. Fotografiere zu unterschiedlichen Tageszeiten, um den Einfluss des Lichts auf deine Bilder zu analysieren. Verändere deinen Blickwinkel, die Blende oder den Ausschnitt.

Während es bei kreativen Talenten darauf ankommt, dasselbe auf verschiedene Arten zu versuchen, zählt bei sportlichen Aktivitäten vor allem die Wiederholung. Klimmzüge, Kopfstand, Jonglieren oder Einrad fahren solltest du einfach täglich üben. An den ersten Tagen werden sich noch keine großen Erfolge einstellen. Aber spätestens in der dritten Woche wirst du besser. Versprochen! Fähigkeiten wie Häkeln oder Gitarre spielen erlernst du am besten Schritt für Schritt. Jeden Tag ein neuer Griff oder zehn neue Vokabeln. Am Ende wirst du auf jeden Fall stolz sein auf deine Leistung, und wenn dein neues »Hobby« fest im Tagesablauf integriert ist, machst du vielleicht einfach weiter.

Tipp Auch Üben ist Übungssache. Hast du die erste Woche durchgehalten und deine Trainingseinheit fest in deinen Tagesablauf eingeplant, ist der Rest ein Kinderspiel.

36 Weniger ist mehr

Platz schaffen für das Wesentliche

Der durchschnittliche Deutsche besitzt 10.000 Dinge. Du musst nicht nachzählen, aber lass deinen Blick mal durch deine Wohnung schweifen. Über Regale, in Schränke und Schubladen und durch dein Kellerabteil – na? Natürlich besitzt du viele sinnvolle und wichtige Gegenstände, aber brauchst du das wirklich *alles*? Wäre an der ein oder anderen Stelle nicht etwas mehr Freiraum viel schöner?

Die Grundidee von Minimalismus besteht darin, bewusst auf Dinge zu verzichten, um mehr Platz für das Wesentliche zu schaffen. Wir heben viele Dinge auf, weil wir sie vielleicht eines Tages brauchen könnten. Doch dieser Tag kommt selten. Wer weniger besitzt, muss sich auch um weniger kümmern. So gewinnst du Raum, Zeit und Freiheit für etwas, was dich glücklicher macht als viele deiner Besitztümer.

Täglich: Geh jeden Tag durch deine Wohnung und suche etwas aus, das du nicht mehr brauchst. An den ersten Tagen fällt dir das leicht, dann wird es schwieriger. Im Gegenzug kommst du aber in eine Routine, die es dir erleichtert, dich von Dingen zu trennen. Halte mindestens einen Monat durch (keine Widerrede: 30 aus 10.000!).

Schrankweise: Jeden Tag ist ein Schrank dran. Nimm jeden Gegenstand heraus und überlege, ob du Freude daran hast. Was dir keine Freude schenkt, kann aussortiert werden.

Radikal: Packe alles, was du hast, übersichtlich in Kartons, bis deine Schränke und Regale leer sind. Lebe einige Wochen aus diesen Kartons. Alles, was du benutzt, darf zurück in den Schrank. Der Rest kann weg. Natürlich kannst du diese Methode auch nacheinander auf Kleidung, Geschirr, Kosmetik und Bücher anwenden.

Mit jedem aussortierten Teil fühlst du dich leichter. Wenn du nach dem Ausmisten Skrupel hast, Dinge wegzugeben, stell sie zunächst für einige Zeit in den Keller. Du wirst sie nicht vermissen. Auf Neuanschaffungen solltest du während deines Minimalismus-Abenteuers möglichst verzichten.

Tipp Bitte wirf nicht einfach alles Aussortierte in den Müll. Verkaufe, spende oder verschenke die Sachen lieber. Du kannst sie zum Beispiel an eine gemeinnützige Einrichtung weitergeben oder einfach in einem Karton zum Verschenken vor die Haustür stellen.

37 Wie Sand am Meer

Fokus auf die kleinen Dinge im Leben

Sandkörner und Sterne sind die bekanntesten und vielleicht auch die schönsten Sinnbilder für Unendlichkeit. Die Winzigkeit und Unbedeutsamkeit eines einzelnen Sandkorns und die gleichzeitig unvorstellbare Menge davon machen Sand zu einem der wirkungsvollsten Hilfsmittel der Entschleunigung. Leider haben wir im Alltag nur selten die Gelegenheit zu einem entspannenden Strandspaziergang, aber eine Handvoll Sand findet sich fast überall!

Du fragst dich, wie um Himmels willen eine Handvoll Sand dein Stresslevel reduzieren soll? Ganz einfach: Indem sie dich zwingt, langsam zu werden und deinen Fokus auf die winzigen Sandkörner zu richten. Außer etwas Sand (notfalls geht auch Reis) brauchst du für dieses Alltagsabenteuer nur eine Pinzette und ein sehr kleines Gefäß, vielleicht ein Reagenzglas oder ein Mini-Marmeladenglas. Suche dir einen schönen, ruhigen Platz mit gutem Licht und mach es dir bequem. Schütte den Sand auf einen kleinen Haufen. Nun versuchst du, Sandkorn für Sandkorn mit der Pinzette aufzuheben und in dein Glas zu füllen. Das wird dir am Anfang wahrscheinlich schwerfallen. Es wird aber mit jedem Sandkorn einfacher. Du wirst feststellen, dass du mit jedem Körnchen, das lautlos ins Glas fällt, ruhiger wirst. Deine Gedanken schalten in eine Art Meditationsmodus. Zu Beginn wirkt es so, als würden die einzelnen Körner im Glas keinen Unterschied machen. Aber während sich langsam eine erste Bodendecke in deinem Gefäß bildet, fällt der Stress Korn für Korn von dir ab, und du spürst ein Gefühl der inneren Zufriedenheit.

Du musst das Glas nicht voll machen. Wenn du möchtest, kannst du Sand und Glas in einer Schachtel aufbewahren und immer wieder hervorholen, wenn du das Bedürfnis nach etwas Entschleunigung in deinem Leben verspürst. Oder du bewahrst das gefüllte Glas als Erinnerung daran auf, den Fokus auf die kleinen Dinge im Leben zu richten.

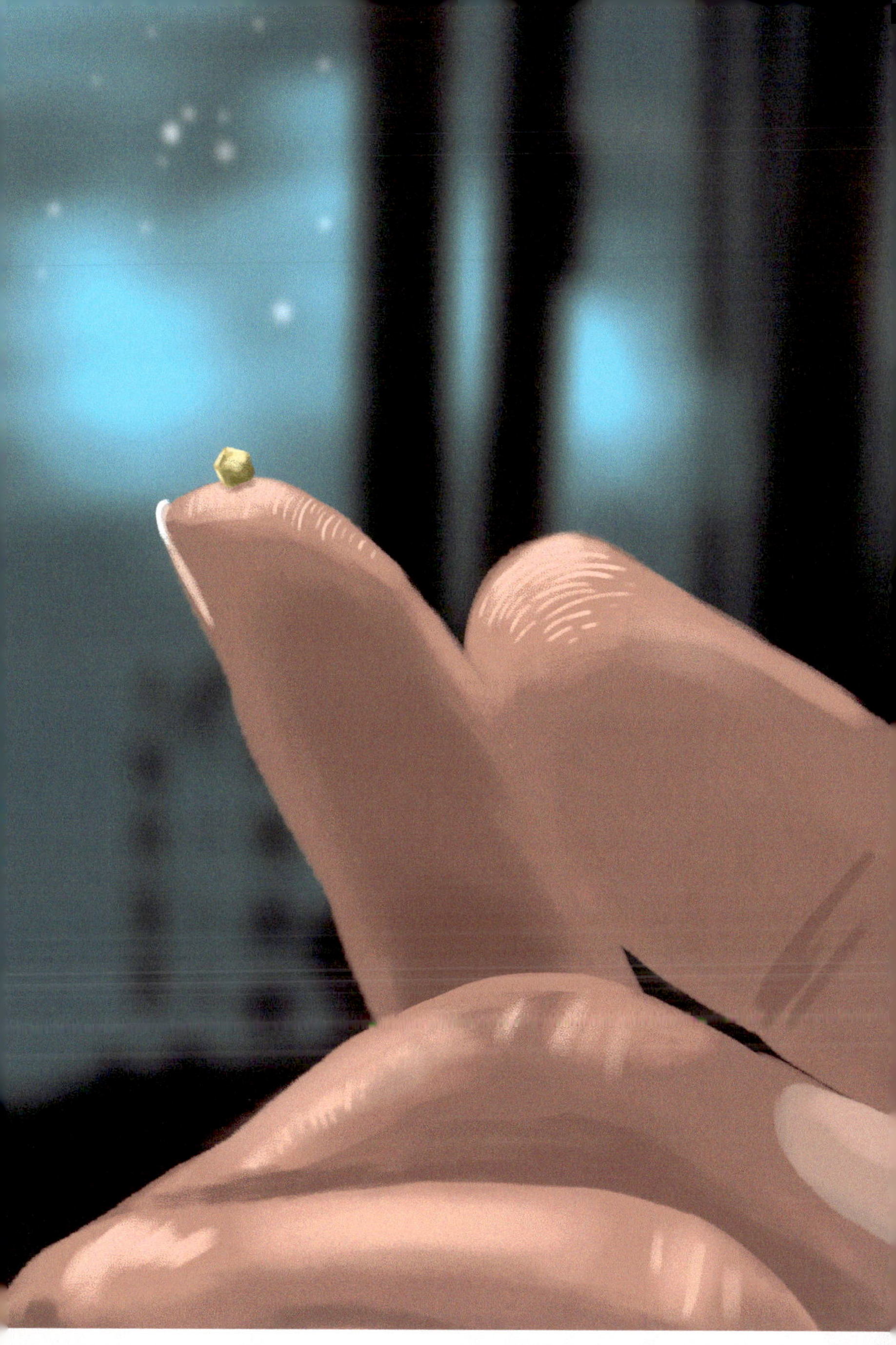

Tipp Wenn es dir sehr schwerfällt, zur Ruhe zu kommen, kannst du unterstützend nebenbei eine sogenannte Phantasiereise (siehe Kapitel 34) anhören. Es gibt viele passende Geschichten zum Thema Sand.

38 … zum Dritten!

Nimm an einer Versteigerung teil

eBay kennen wir alle. Aber so richtig Nervenkitzel bietet das Online-Versteigerungsportal nicht. Wenn du es dir etwas abenteuerlicher wünscht, solltest du einmal an einer richtigen Versteigerung teilnehmen. Live, vor Ort, mit einem richtigen Auktionator und einem echten Holzhammer! Schon die Atmosphäre in einem Auktionshaus lohnt den Besuch. Und wenn du dann wirklich dein Bieterschildchen in die Höhe streckst und dich mit angehaltenem Atem im Saal umsiehst, was die anderen tun, ist der Adrenalinschub garantiert.

eBay hat Schule gemacht, und viele Versteigerungen finden heutzutage nur noch online statt. Es gibt sie aber noch, die echten Auktionshäuser mit hohen Decken und königlichem Flair. Aber nicht nur sie bieten Versteigerungen an. Möchtest du nicht direkt eine antike Vase oder ein Gemälde aus der Renaissance ersteigern, geh zu einer Auktion im örtlichen Pfandleihhaus. Auch öffentliche Stellen und Fundbüros veranstalten regelmäßig Versteigerungen. Maschinen, Fahrzeuge und Firmeneinrichtungen kannst du bei Insolvenzversteigerungen erwerben. Besonders lustig geht es bei einer Kofferversteigerung zu. Hier werden nicht abgeholte Gepäckstücke beispielsweise von Fluggesellschaften versteigert. Der besondere Reiz liegt darin, dass die Koffer bei der Auktion nicht geöffnet werden. Lediglich gefährliche, nasse oder verderbliche Gegenstände sowie datenschutzrechtlich Relevantes wurden vorher vom Zoll entfernt.

Das Prinzip ist immer dasselbe. Das höchste Gebot gewinnt. Oft gibt es allerdings einen Mindestpreis, das sogenannte Limit. Bitte beachte beim Bieten, dass auf das Höchstgebot zum Schluss noch ein Aufgeld berechnet wird. Dieses deckt Kosten und Gebühren der Auktion und ist zusätzlich mehrwertsteuerpflichtig. Bezahlt werden muss oft in bar, EC-Zahlung ist inzwischen aber häufig möglich. Kreditkarten werden dagegen in den meisten Fällen nicht akzeptiert.

Tipp Aufregung, Adrenalin und Glücksgefühl: Was den Reiz einer Auktion ausmacht, kann nur beurteilen, wer einmal selbst mitgeboten hat.

Zusammen macht's mehr Spaß

Als Kinder haben wir die meiste Zeit mit unseren Freunden verbracht. Wir haben zusammen auf der Straße oder im Wald gespielt. Es gab immer was zu erleben, wir hatten einander stets etwas zu erzählen. Mit dem Alter haben sich manche Freundschaften verfestigt. Dennoch ist die gemeinsame Zeit weniger geworden. Abenteuer zu zweit oder in einer Gruppe bieten euch nicht nur die Möglichkeit, eure Alltagsroutine zu durchbrechen. Sie schaffen auch eine gemeinsame Erlebnisbasis für eure Beziehung. Veranstaltet eine Kleidertausch-Party oder einen Food Swap. Macht den Esszimmertisch zur Tischtennisplatte oder fordert euch gegenseitig mit lustigen Challenges heraus. Traust du dich, in ein Taxi zu springen und mit verschwörerischem Blick zum Fahrer zu sagen »Bitte folgen Sie unauffällig diesem Wagen«?

Zwei innere Schweinehunde sind leichter zu besiegen als einer. Viele Alltagsabenteuer kannst du zusammen mit deinem Partner erleben. Motiviert euch gemeinsam zu verrückten Ideen, für die du allein nicht den Antrieb finden würdest. Tauscht übers Wochenende die Wohnung mit Freunden, ladet zum Improtheater in euer Wohnzimmer ein oder holt euch ein bisschen Unbeschwertheit mit den Lieblingsspielen eurer Kindheit zurück.

Macht gemeinsam neue Erfahrungen. Genießt es, Zeit miteinander zu verbringen. Bei diesen Alltagsabenteuern kommt es nur darauf an, dabei zu sein. Denn zusammen macht's einfach mehr Spaß!

39 … 18, 19, 20. Ich komme!

Guerilla-Versteckspiel (nicht nur) für Erwachsene

Warum ist Alltag eigentlich oft langweilig, eintönig – alltäglich eben? Weil wir stets ziemlich genau wissen, was als Nächstes passieren wird. Nach dem Frühstück geht es zur Arbeit, nach dem Einkauf zur Kasse, nach dem Sport unter die Dusche. Diese Ereignisfolgen bilden deine Komfortzone. Sobald du sie verlässt, wird dein Leben aufregend. Stürz dich mit ein paar Freunden ins Alltagsabenteuer und überrascht euch gegenseitig damit, was als Nächstes passieren wird.

Je ungewöhnlicher der Ort, desto mehr Spaß macht das Guerilla-Verstecken. Spielen könnt ihr in einem Möbelhaus oder im Schwimmbad genauso gut wie im Museum oder in der Bibliothek. Wer lieber draußen spielt, kann sich auch auf dem Markt, im Bahnhof oder in einem Parkhaus verstecken. Achtet bei der Auswahl eures Spielortes bitte darauf, niemandem zu nahe zu treten. Ein Friedhof oder eine Kirche sind sicher keine guten Plätze, um Guerilla-Verstecken zu spielen. Ein Fußballstadion, eine Messehalle oder ein Restaurant hingegen schon. Die Regeln sind denkbar einfach: Einer muss suchen, alle anderen verstecken sich. Laut zählen muss der Sucher natürlich nicht, er schließt einfach die Augen und stoppt eine Minute auf seinem Handy. Dabei darf er sich allerdings nicht durch Passanten beirren lassen. Gleiches gilt für diejenigen, die sich verstecken.

Die Kunst beim Guerilla-Verstecken besteht darin, entweder möglichst unauffällige oder möglichst unwahrscheinliche Schlupfwinkel zu wählen. Vielleicht stellst du dich im Möbelhaus einfach in die Kassenschlange? Oder du setzt dich in die Kinderecke der Bibliothek und liest laut ein Buch vor? Fremde Menschen um Hilfe zu bitten ist ausdrücklich erlaubt. Eventuell versteckt dich am Bahnhof jemand unter seinem Gepäck? Oder ein älterer Herr leiht dir im Museum kurz seinen Hut als »Verkleidung«? Je ernster ihr das Spiel nehmt, desto mehr Spaß werdet ihr haben!

Tipp Tarnen und Täuschen sind erlaubt: Stell einfach deine Schuhe hinter eine Schranktür oder lass ein auffälliges Kleidungsstück hinter einem Gegenstand hervorschauen.

40 Bettentausch

Fremde Träume träumen

Vertrautes vermittelt uns ein Gefühl von Heimat und Sicherheit, aber manchmal engt es uns auch ein. Alltagsroutinen zu durchbrechen oder die vertraute Umgebung zeitweise gegen eine andere einzutauschen kann sehr befreiend wirken. Das ist einer der Gründe, warum die meisten Menschen im Urlaub lieber verreisen, als ihn zu Hause zu verbringen. Für das Alltagsabenteuer Bettentausch musst du nicht unbedingt verreisen, du brauchst nur einen Tauschpartner, mit dem du für einige Tage die Betten wechselst.

Einen vorsichtigen Anfang machst du, indem du das Bett einfach mit einem Familienmitglied tauschst. Du wirst dich um Jahre jünger fühlen, wenn du mal wieder oben im Stockbett schlafen darfst und dich morgens per Rutsche oder am Piratentau auf den Boden gleiten lässt! Sogar der Seitenwechsel im Ehebett bringt erste Tauscheffekte. Spannender wird es natürlich, wenn du mit dem Bett auch die Wohnung wechselst. Vielleicht sogar die Stadt? Frage Freunde, ob sie Lust auf einen Wohnungstausch übers Wochenende haben. Wenn du den Rollentausch perfekt machen willst (und ihr eine ähnliche Größe tragt), kannst du deiner Tauschpartnerin auch freien Zugang zu deinem Kleiderschrank gewähren. Der Perspektivwechsel, den der Ausflug in eine fremde Identität bietet, ist nicht nur spannend, sondern stößt oft Veränderungen im eigenen Leben an.

Einen Schritt weiter gehst du, indem du deine Wohnung mit Fremden tauschst. Dazu gibt es zahlreiche Internetportale, die die Abwicklung erleichtern und rechtlichen Schutz bieten. Wohnungstausch ist eine sehr günstige und nachhaltige Form des Individualurlaubs. Das Prinzip funktioniert bereits seit den 1950er Jahren. Tauschpartner findest du in Deutschland und vielen anderen Ländern. Du brauchst wenig Gepäck und erhältst Insiderinfos zum Urlaubsort. Vor allem aber lernst du Orte und Menschen kennen, die dir bei einer Pauschalreise nie begegnet wären!

Tipp Um Ärger auszuschließen, wenn etwas kaputtgehen sollte, empfiehlt sich eine private Haftpflichtversicherung (die die meisten Menschen aber ohnehin abgeschlossen haben).

41 Challenge your friends

Jede Herausforderung hat etwas Gutes

Der Mensch vergleicht sich gern. Wer läuft am schnellsten, wer springt am weitesten, wer singt am besten? Keine Sorge, bei dieser Challenge geht es nicht darum, die oder der Stärkste, Klügste oder Schönste zu sein. Vielmehr sollt ihr gemeinsam Spaß haben und dabei etwas Gutes tun. Es gibt unendlich viele Möglichkeiten für so eine Group Challenge. Ihr könnt allein oder in Teams antreten. Wählt eine der nachfolgenden oder denkt euch eure eigene Herausforderung aus.

Müll sammeln: Geht gemeinsam an euren Lieblingsort in der Natur. Jeder Teilnehmer oder jedes Team bekommt einen Müllsack. Empfindliche Finger können Handschuhe benutzen. Sammelt sämtlichen Müll ein, den ihr finden könnt. Werft den Müll zu Hause in die Tonne oder bringt ihn zu einer öffentlichen Abgabestelle. Wessen Sack am leersten ist, der spendiert eine Runde Eis für alle fleißigen Helfer.

Sieben-Tage-Challenge: Wenn ihr euer Leben dauerhaft nachhaltiger gestalten wollt, könnt ihr das mit einer Wochenherausforderung üben. Wer schafft es, eine Woche keine Plastikverpackungen zu kaufen? Sich vegan zu ernähren? Das Auto stehen zu lassen? Diese Challenge eignet sich auch für Freunde, die weiter weg wohnen. Eure Erfolge könnt ihr in einem Gruppenchat teilen.

Fit werden: Toll eignet sich eine Sportchallenge, um gemeinsam den inneren Schweinehund zu überwinden und ein bisschen mehr Bewegung ins Leben zu bringen. Egal, ob Planks, Yoga oder Marathon – legt gemeinsam Ziele fest und spornt euch gegenseitig an. Funktioniert vor Ort oder aus der Ferne.

Sei positiv: Verabschiedet euch von Pessimismus und Krisenmodus. Lenkt die Aufmerksamkeit auf die schönen Seiten eures Lebens. Schreibt morgens jemandem aus der Challenge-Gruppe eine Nachricht, was ihr an ihm mögt, schätzt oder bewundert. Abends schreibt jeder eine Nachricht in den Gruppenchat, wofür er heute dankbar ist. Der Fokus auf das Positive macht glücklich!

Tipp Viele Challenges gibt es auch als Apps. Das macht es einfacher, die gemeinsame Herausforderung im Freundeskreis zu organisieren. Außerdem erinnert die App euch regelmäßig an eure Herausforderung und macht so dem Schweinehund Beine.

42 Erzähl (d)eine Geschichte

Ein Abend voller persönlicher Erlebnisse

Kannst du dich noch daran erinnern, dass dein Opa dir früher Geschichten erzählt hat? Dass deine Mama dir jeden Abend vor dem Schlafengehen ein Kapitel aus deinem Lieblingsbuch vorgelesen hat? Wie gebannt hingen wir an ihren Lippen, und jedes Mal haben wir anschließend gebettelt: »Noch eine, nur noch eine Geschichte!« Natürlich kannst du inzwischen selbst spannende Bücher lesen, doch der Zauber ist nicht derselbe. Beim Zuhören baut sich eine ganz andere Spannung auf. Das Gehirn ist nicht mit Lesen beschäftigt, in deiner Phantasie kannst du voll und ganz in die Geschichte eintauchen. Mit diesem Alltagsabenteuer holst du dir den Geschichtenzauber deiner Kindheit für einen Abend zurück.

Ganz klassisch könnt ihr euren Geschichtenabend am Lagerfeuer gestalten. Ein anderer gemütlicher Ort funktioniert ebenso gut. Jeder Teilnehmer erzählt eine Geschichte, am besten ein Ereignis aus seinem Leben. Wir alle haben bereits Kurioses erlebt, interessante Menschen kennengelernt, spannende Orte besucht. Denk doch einmal zurück an deine Schul- oder Studienzeit, deinen Heiratsantrag, an Umzüge und Jobwechsel. Veränderungen im Leben schreiben oft kleine Geschichten. Alte Fotos können als Inspiration dienen. Fällt es dir schwer, aus dem Stegreif eine Geschichte zu erzählen, kannst du stattdessen eine Jugenderinnerung aus einem alten Tagebuch vorlesen oder mit Unterstützung durch ein paar Bilder von einer tollen Urlaubsreise berichten.

Beim Geschichtenabend lernst du bisher unentdeckte Seiten deiner Freunde kennen. (Ich kann immer noch nicht glauben, dass mein Ehemann früher professionell Fußball gespielt hat!) Ihr verbringt eine sehr persönliche Zeit miteinander und sammelt neue Eindrücke, ganz ohne Medienkonsum. Aus vielen wahren Erzählungen kannst du etwas für dein Leben mitnehmen, weil sie inspirierender sind als die Erlebnisse fiktiver Personen in Romanen oder Filmen.

Tipp Wenn ihr regelmäßig einen gemeinsamen Geschichtenabend veranstalten möchtet, könnt ihr euch auch gegenseitig (Kurz-)Geschichten vorlesen.

43 (Ess-)Tischtennisturnier

Hol dir den Pausenspaß nach Hause

Große Pause – schon das Wort klang nach Freiheit! Vielleicht hast du früher in den Unterrichtspausen mit deinen Freunden auch Tischtennis auf dem Schulhof gespielt? Falls nicht, ist es jetzt höchste Zeit, um damit zu beginnen. Hol dir deine große Pause nach Hause und verabrede dich mit einer Freundin zum Tischtennis-Turnier.

Ihr braucht dazu einen großen Tisch und einen Tischtennisball. Wer noch ein Netz und Schläger hat, kann sich daraus schnell eine fast professionelle Tischtennisplatte aufbauen. Aber beides ist für den Spielspaß nicht entscheidend. Ein Netz könnt ihr aus zwei Schraubzwingen und einem Schal leicht selbst bauen. Habt ihr keine Schraub- oder Klemmzwingen zur Hand, könnt ihr auch einige gleich breite Bücher aufstellen oder euch ein Netz aus einem alten Karton basteln. Als Schläger kommen Topfdeckel, Bücher, CD-Hüllen oder schlicht die Handfläche zum Einsatz.

Die Tischtennisregeln sind einfach. Beim Aufschlag muss der Ball zuerst auf der eigenen, anschließend auf der gegnerischen Spielfeldhälfte aufprallen. Beim Rückspiel muss der Ball hingegen direkt übers Netz auf die andere Seite des Tisches gespielt werden. Gelingt dies nicht, gibt es einen Punkt für den Gegner. Jeder Spieler hat jeweils zwei Aufschläge, dann wird gewechselt. Wer zuerst elf Punkte hat, gewinnt den Satz.

Seid ihr zu viert, könnt ihr auch ein Doppel spielen. Dabei muss der Ball abwechselnd von beiden Doppelpartnern gespielt werden. In einer größeren Gruppe spielt ihr am besten Rundlauf. Alle Spieler stellen sich verteilt auf zwei Schlangen um den Tisch herum auf. Der vorderste in der Schlange spielt den Ball, läuft dann weiter zur anderen Tischseite und stellt sich dort ans Ende der Schlange. Wer den Ball nicht in die gegenüberliegende Spielfeldhälfte trifft, scheidet aus. Die beiden letzten Spieler tragen das Endspiel aus, bis einer drei Punkte erreicht hat.

Tipp Auch Konferenztische eignen sich hervorragend für ein Tischtennisturnier mit Kollegen in der Mittagspause! Ein bisschen Auflockerung im Büroalltag sorgt für neue Arbeitsmotivation und hebt die Stimmung im Team.

44 Food Swap

Leckere Tauschbörse

Ich habe eine Freundin, die wahnsinnig leckeres Sauerteigbrot backt. Mein Vater kocht Quittenmarmelade nach dem Rezept meiner Oma. Und die Tomatenbutter, die unser Nachbar zum letzten Grillfest mitgebracht hat, war zum Reinlegen. Stehst du auch auf Selbstgemachtes, hast aber weder die Zeit noch das Talent, um dich in so vielen kulinarischen Richtungen zu versuchen? Dann ist ein Food Swap genau das richtige Alltagsabenteuer für dich und deine Freunde.

Beim Food Swap werden selbst gemachte Lebensmittel getauscht. Ihr braucht dafür nur einen passenden Raum und einen gemeinsamen Termin. Am besten plant ihr euer Tauschevent bereits ein paar Wochen im Voraus, damit allen genügend Zeit für die Zubereitung bleibt. Jeder kocht oder backt seine Spezialität. Besonders gut eignen sich Lebensmittel, die sich in Gläser abfüllen lassen oder anderweitig gut portionierbar sind. Selbst eingekochte Marmelade, Apfelmus, Kompott oder Chutney werden gern gegen selbst gemachte Grissini, Cantuccini, Kuchen im Glas oder Brot getauscht. Verschiedene Brotaufstriche, Gewürzmischungen, Pralinen oder Müsliriegel sind auf Food Swaps ebenfalls beliebte Tauschware. Vielleicht machst du sogar Pasta selbst oder Sauerkraut? Es darf natürlich auch flüssig sein: Holunderblütensirup, Chiliöl oder selbst eingekochter Apfelsaft (siehe Kapitel 76). Je nach Anzahl der Teilnehmer sollte jeder Gast fünf bis zehn Tauschportionen mitbringen.

Die Gastgeberin eures Food Swaps baut einen zentralen Probiertisch auf und sorgt für ausreichend Baguette oder eine ähnliche neutrale Beilage zum Probieren. Jeder Teilnehmer stellt eines seiner Mitbringsel zum Probieren bereit. Am besten legt ihr einen Zettel mit den Inhaltsstoffen dazu wegen möglicher Allergien oder Lebensmittelunverträglichkeiten. Dann darf genascht werden! Was schmeckt, wird eingetauscht, und so füllt sich der Vorratsschrank zu Hause mit neuen Leckereien.

Tipp Sammelt im Voraus alte Gläser, um eure Tauschware umweltfreundlich abzufüllen. Noch hübscher sehen eure Tauschportionen aus, wenn ihr die Gläser mit einem kleinen Label oder einem hübschen Band verziert.

45 Foto-Rallye

Optische Schnitzeljagd für zu Hause

Schatzsuche, Spuren lesen und Schnitzeljagd sind der Inbegriff von Abenteuer. Die Freude am Entdecken hat ein unglaubliches Motivationspotenzial – und zwar in jedem Alter. Natürlich kannst du einfach mit deinen Freunden eine klassische Schatzsuche im Wald organisieren. Etwas moderner und für jedes Wetter geeignet ist aber eine Indoor-Foto-Rallye.

Zur Vorbereitung der Rallye machst du mit deinem Smartphone zunächst einige Nahaufnahmen von Gegenständen oder Orten in deiner Wohnung. Die Bildausschnitte sollten so gewählt sein, dass man nicht auf den ersten Blick erkennt, was darauf abgebildet ist. Gelingt dir das nicht direkt beim Fotografieren, kannst du die Bilder auch im Nachhinein entsprechend zuschneiden und den gewünschten Ausschnitt vergrößern. Hinter dem letzten fotografierten Gegenstand solltest du einen kleinen Preis oder eine Nachricht verstecken. Dann kann es auch schon losgehen!

Spielen könnt ihr zu zweit, als Familie oder mit einer größeren Gruppe. Schicke allen Rallye-Teilnehmern das erste Bild auf ihr Smartphone. Wer den entsprechenden Gegenstand identifiziert hat, fotografiert ihn (erkennbar) und schickt dir das Foto als Lösung zurück. Daraufhin erhält er ein Bild vom nächsten Suchobjekt. Das Bild mit dem versteckten Schatz darfst du erst als letztes versenden. Alternativ kannst du die Fotos auch ausdrucken und jeweils hinter oder unter dem vorherigen Suchobjekt verstecken beziehungsweise ankleben.

Natürlich geht es hauptsächlich ums Spielen, der Preis am Ende ist aber dennoch wichtig für das richtige Schatzsuche-Feeling. Dabei spielt es nur eine untergeordnete Rolle, was du versteckst. Wie wäre es zum Beispiel mit einem Foto vom Dessert, das im Kühlschrank wartet? Einer schönen Flasche Wein oder einem Blumenstrauß, wenn ihr zu zweit spielt? Oder einem Partyhütchen und eine Tröte? Denn nach jeder Schatzsuche muss gefeiert werden!

Tipp Eine Foto-Rallye lässt sich auch super beim Teammeeting mit Kollegen, in der Mittagspause im Büro oder in einer Werkshalle veranstalten.

46 Gartenolympiade

Wettbewerb mit außergewöhnlichen »Talenten«

Sich mit anderen zu messen ist eine durch und durch menschliche Eigenschaft. Leider fühlen wir uns aber nach dem Vergleich oft schlechter als vorher. Bei der Gartenolympiade geht es deshalb nicht darum, wer stärker, schlauer, schöner oder erfolgreicher ist, sondern um außergewöhnliche »Talente« und vor allem darum, gemeinsam eine Menge Spaß zu haben!

Lade Freunde und Familie ein und bildet Teams, die in verschiedenen Spaß-Disziplinen gegeneinander spielen. Je nach Aufgabe treten ein oder mehrere Spielerinnen pro Team an. Nachfolgende Spielideen sind als Anregung gedacht. Natürlich kannst du dir auch eigene Gartendisziplinen ausdenken.

Zielkicken: Wer katapultiert einen Schuh direkt vom Fuß über eine gespannte Schnur und fängt ihn auf der anderen Seite wieder auf?
Hit-Quiz: Ein Mitspieler muss einen Liedtext (Hänschen klein) auf die Melodie eines anderen Liedes (Alle meine Entchen) singen. Wer errät die richtige Melodie?
Pfannkuchen wenden: Aus Bierdeckeln, Papptellern oder Karton bereitest du zweifarbige »Pfannkuchen« vor. Vorder- und Rückseite malst du verschiedenfarbig an oder versiehst sie mit einem farbigen Kreuz. Pro Team brauchst du eine Farbe. Nun werden alle Pfannkuchen auf den Boden gelegt. Auf ein Startsignal versuchen alle gleichzeitig, möglichst viele Pfannkuchen so zu wenden, dass ihre Teamfarbe oben liegt. Nach zwei Minuten wird abgepfiffen und gezählt.
Mehl schneiden: Fülle Mehl in eine kleine Schale und stülpe sie auf einen Teller, sodass eine Art »Mehlkuchen« entsteht. Obendrauf legst du vorsichtig ein Gummibärchen. Nun erhält jedes Team ein Buttermesser und muss abwechselnd ein Stück vom Kuchen abschneiden. Wer das Gummibärchen zu Fall bringt, verliert.

Am Ende ist es völlig egal, wer gewinnt. Mit Sicherheit hattet ihr einen tollen, unvergesslichen Tag zusammen!

Tipp Wohnt ihr in verschiedenen Städten, können Wettkampfaufgaben auch remote per Messengergruppe verteilt und gelöst werden. Beispielsweise bekommt jeder Teilnehmer fünf Minuten Zeit, um einen möglichst hohen Turm aus Küchenutensilien zu bauen.

47 Geschmackssache

Hometasting mit Freunden

»Ich habe da diese Lieblingsschokolade, die musst du unbedingt einmal probieren!« Ab einem gewissen Alter haben sich unsere kulinarischen Vorlieben relativ fest etabliert. Wir wissen, was uns schmeckt – aber oft wissen wir nicht, was uns dabei alles entgeht! Es muss ja nicht immer eine Weinprobe sein. Auch andere Lebensmittel und Getränke eignen sich super für einen Tasting-Abend mit Freunden. Erweitere deinen Geschmackshorizont und lass dir einmal zeigen, was anderen schmeckt.

Wie wäre es mit einer gemeinsamen Schokoladen- oder Saftprobe? Einem Pasta- und Pastasoßentasting? Wünschst du dir neue Inspirationen zu kalorienarmen Naschereien? Ihr könnt alle Lebensmittel zum selben Thema zubereiten oder den Abend als Menü gestalten. Vorspeise, Hauptgericht und Dessert werden zu verschiedenen Themen gewählt, und je zwei oder drei Teilnehmer steuern etwas zum jeweiligen Tasting bei. Auch Gewürze eignen sich super als Verkostungsthema: Wozu benutzt man Safran? In welche Gerichte kommen eigentlich Kreuzkümmel oder Koriander? Oder du lässt dich davon überraschen, was man alles in ein Salatdressing tun kann und wie viele verschiedene Blattsalate es gibt.

Vielleicht hast du Lust, deinen Speisezettel etwas nachhaltiger zu gestalten. Dann organisiere ein Verkostungsevent zum Thema regionales und saisonales Obst und Gemüse. Auch selbst gemachte Brotaufstriche bringen Abwechslung in deine alltägliche Ernährung. Sie haben außerdem eine deutlich bessere Klimabilanz als Butter-, Wurst- oder Käsebrot. Wer es süßer mag, kann auch verschiedene vegane Desserts testen. Denk daran: Nicht nur der Geschmack, sondern auch die Herkunft und Entstehungsgeschichte der ausgewählten Lebensmittel machen euer Hometasting zum spannenden Event. Wir wissen alle, wie die Kartoffel nach Deutschland kam. Aber weißt du eigentlich, woher der Apfel stammt?

Tipp Wenn ihr nicht selbst kochen möchtet, könnt ihr auch gemeinsam ein exotisches Restaurant besuchen, und jeder darf ein Gericht für seinen linken Nachbarn bestellen.

48 Gummitwist und Sackhüpfen

Alte Kinderspiele gegen Alltagsstress

Mal ehrlich: Wann hattest du das letzte Mal so richtig Spaß? Als Kinder waren wir doch dauernd fröhlich, haben ausgelassen gespielt und uns vor Lachen gekugelt. Während des Erwachsenwerdens wurden diese Gelegenheiten immer seltener. Und heute müssen wir richtig darüber nachdenken, wann wir das letzte Mal wirklich Spaß hatten. Mit diesem Alltagsabenteuer macht ihr einen Ausflug in die Lebensfreude eurer Kindheit – und befreit euch gleichzeitig von Anspannung und Alltagsstress!

Die wichtigste Voraussetzung für dieses Kindheitsabenteuer besteht darin, dass ihr euch selbst nicht so ernst nehmt. Mehr machen, weniger denken. Das fällt uns oft schwer. Aber wenn du den Anfang machst, ziehen deine Freunde sicher mit. Am einfachsten geht das mit denselben Mitteln wie früher: mit Kinderspielen. Es ist unwichtig, was ihr spielt, Hauptsache, es weckt in euch die Leichtigkeit aus Kindertagen wieder. Was war euer Lieblingsspiel? Dass ihr euch beim Gummitwist vielleicht nicht mehr so geschickt anstellt wie mit acht Jahren, ist für den Spaß durchaus zuträglich. Topfschlagen, »Der Fuchs geht um« oder Schubkarrenrennen sind Klassiker, bei denen ihr gar keine Zeit habt, an unliebsame Steuererklärungen oder andere Alltagssorgen zu denken. Wenn ihr außer Puste geratet, könnt ihr eine Runde »Teekesselchen«, »Ich packe meinen Koffer« oder »Stille Post« einschieben.

Wie so oft im Leben wollen wir das, was wir nicht haben: Kinder möchten immerzu erwachsen werden. Erwachsene sagen dagegen oft, die Kindheit sei die schönste Zeit ihres Lebens gewesen. Indem wir kleine Ausflüge in die Unbeschwertheit unserer Kindertage unternehmen, erinnern wir uns daran, worauf es – auch im Erwachsenenleben – wirklich ankommt: Zeit mit den Menschen zu verbringen, mit denen wir unbekümmert lachen können. Den Augenblick genießen.

Tipp Feiere einfach deinen nächsten Geburtstag mit einer Mottoparty zum Thema »Kindergeburtstag«. Das senkt die psychologische Hürde für dieses Kindheitsabenteuer.

49 Immer der Nase nach

Schnitzeljagd für gute Riecher

Das Riechen ist unter unseren Sinnen so etwas wie das fünfte Rad am Wagen. Natürlich können wir alle riechen, wir setzen diese Fähigkeit allerdings selten willentlich ein. Oft nehmen wir Gerüche nicht einmal bewusst wahr. Und trotzdem bilden sie eine wichtige Dimension unserer Sinneswahrnehmung. Mit dieser Geruchs-Schnitzeljagd stellt ihr das Riechen in den Fokus eurer Wahrnehmung. Es ist spannend zu beobachten, welche Wirkung diese Fokussierung auf eure anderen Sinneseindrücke hat.

Zunächst braucht ihr für die Gestaltung eurer Schnitzeljagd einen passenden Geruch. Dafür eignen sich zum Beispiel diese kleinen Aromafläschchen zum Backen, die oft jahrelang im Schrank stehen, weil du nur eines der zehn Aromen im Set je gebraucht hast. Vielleicht hast du auch noch ein Parfum im Schrank stehen, das du einmal geschenkt bekommen hast, aber nicht besonders magst? Auch Essigessenz oder Eukalyptusöl sind gute Duftstoffe für eine Geruchs-Rallye. Einer von euch hat nun die Aufgabe, eine Duftspur zu legen. Dazu setzt ihr am besten in Kopfhöhe kleine Duft-Markierungen in kurzen Abständen, beispielsweise an Bäumen, Mauern, Gartenzäunen oder Straßenschildern. So wie wir wahrnehmen können, aus welcher Richtung ein Geräusch zu hören ist, können wir auch Richtungsriechen. Wenn euch das für den Anfang zu schwer ist, könnt ihr stattdessen mit verschiedenen Düften arbeiten und jeweils für links, rechts und geradeaus unterschiedliche Duftnoten setzen.

Die Schnitzeljagd sollte möglichst direkt anschließend starten, da die Duftspur mit der Zeit verfliegt. Die Schnitzeljäger bekommen eine Duftprobe und ziehen los – immer der Nase nach. Ihr werdet erstaunt feststellen, wie viele Gerüche ihr wahrnehmt, wenn ihr euch darauf konzentriert. Aber könnt ihr euch im Anschluss auch daran erinnern, wie der Weg aussah? Und welche Geräusche ihr unterwegs gehört habt?

Tipp Unangenehme Gerüche nehmen wir oft besser wahr als wohlriechende Düfte. Chlor, Mist oder Schwefel eignen sich allerdings leider nicht für eine Geruchs-Rallye in deiner Umgebung.

50 Improtheater

Die Kunst des Augenblicks

Die Komfortzone schränkt unser Alltagsleben ein. Möglichkeiten, die außerhalb unseres Wohlfühlbereiches liegen, ziehen wir oft nicht in Betracht. Mit diesem besonderen Alltagsabenteuer lernst du nicht nur, deine Komfortzone zu verlassen, sondern sie zu erweitern. Die Übungen des Improtheaters stärken deine Wahrnehmung und dein Selbstwertgefühl. Du wirst offener neuen Vorschlägen gegenüber und erlebst bewusst deine Wirkung auf andere. Und ganz nebenbei macht es wirklich großen Spaß!

Lade ein paar Freunde zu einem gemeinsamen Improabend ein. Zur Auflockerung beginnt ihr mit einer einfachen Aufwärmübung: Spieler A sagt zu Spieler B: »Was machst du da?« B antwortet: »Ich spiele Tennis.« Nun muss A beginnen, pantomimisch Tennis zu spielen. Gleichzeitig fragt B nun A: »Was machst du da?« A antwortet (ohne mit dem Tennisspielen aufzuhören): »Ich mähe den Rasen.«. B mäht den Rasen. Gleichzeitig fragt A wieder zurück und so weiter. Wichtig ist, dass die Personen während des Sprechens nicht mit ihrer Tätigkeit aufhören. Wenn alle mal gelacht haben, seid ihr bereit fürs Improtheater.

Freeze: Zwei Personen spielen. Zu Beginn rufen die anderen ihnen einen Ort und einen Gegenstand zu. Mit diesen Infos beginnen die beiden eine kurze Szene zu spielen. Die Zuschauenden dürfen jederzeit »Freeze« rufen. Dann bleiben beide Spieler unbeweglich stehen. Wer »Freeze« gerufen hat, nimmt einen ihrer Plätze ein und muss aus der eingefrorenen Pose heraus eine neue Szene beginnen.

Ja-Sager: Hier spielt ihr zu dritt eine Szene. Dabei darf eine Person nichts anderes als Ja sagen, Lacher garantiert.

Zettelspiel: Jeder schreibt einen Satz auf ein Papier. Alle Zettel werden umgedreht im Raum verteilt. Eine Spielerin nimmt einen Zettel und liest den Satz darauf vor. Zu zweit entwickelt ihr daraus eine Szene. Braucht ihr neuen Input, nimmt der andere den nächsten Zettel und baut den Satz ein.

Tipp Die improvisierten Szenen sind ein Spiegel des Alltags, bieten euch aber gleichzeitig die Möglichkeit, aus der Rolle zu fallen und ganz neue Wege zu gehen.

51 Kitchen-Percussion

Stress abbauen mit Jazzrhythmen

Wir wollen mehr Beat! Manchmal braucht es etwas Rhythmus, um neuen Schwung in den Alltag zu bringen. Und weil die Küche bei jeder Party der beliebteste Ort ist, startest du die Percussion-Session mit deinen Freunden am besten gleich dort!

In der Jazz- und Popmusik wird die Gruppe der Schlaginstrumente Percussion genannt. Als Schlaginstrument könnt ihr alles nutzen, womit man rhythmische Klänge erzeugen kann. Je mehr verschiedene Percussions ihr einsetzt, umso vielseitiger wird das Klangbild. Ein Teilnehmer eurer Küchenparty gibt den Grundschlag mit einem lauten, möglichst tiefen »Instrument« vor, beispielsweise indem er mit einem Holzlöffel auf eine umgedrehte Schüssel schlägt. Die anderen Percussions passen sich dem Grundschlag mit Zwischenschlägen oder kurzen Rhythmusfolgen an. Als Instrument eignet sich zum Beispiel ein Schraubglas mit einigen Reiskörnern oder Linsen darin, das rhythmisch geschüttelt wird, oder eine Reibe, über die ihr mit einem Kochlöffel streicht. Ebenso gut könnt ihr mit einem Messer an ein Glas tippen, zwei Topfdeckel gegeneinanderschlagen oder sanft mit einem Schneebesen auf ein Brett klopfen. Probiert euch einfach einmal quer durch Geschirr und Küchenhelfer. Fehlt euch ein bestimmter Klang, könnt ihr ihn ergänzen, indem ihr ihn per Beatboxing mit eurer Stimme erzeugt.

Das Wichtigste bei einer Percussion-Session ist, aufeinander zu hören und Rhythmen zu finden, die einander ergänzen. Habt ihr einen gemeinsamen Takt gefunden, werdet ihr schnell die faszinierende Wirkung der selbst erzeugten Klänge erkennen. Der ganze Körper folgt dem Takt. Puls und Atemrhythmus passen sich an. Ein schneller Takt wirkt belebend, ein langsamerer Grundschlag eher beruhigend. In jedem Fall hilft eine solche Küchensession mit Freunden dabei, Alltagsstress abzubauen. Und danach habt ihr euch zweifellos eine Pizza verdient!

Tipp Auch Flaschen mit verschiedenem Füllstand eignen sich perfekt als Percussion-Instrumente. Ihr könnt mit einem Holzlöffel dagegenschlagen oder vorsichtig Luft darüberpusten.

52 Kleidertausch-Party

Nachhaltiger Weg zu neuen Lieblingsteilen

Shoppen ist out. Ressourcenverbrauch und Herstellungsbedingungen in der Textilindustrie sind oft nicht gerade vorbildlich. Genug Klamotten liegen ohnehin im Schrank. Trotzdem haben wir immer wieder Lust auf etwas Neues. Die Lösung ist offensichtlich und macht richtig Spaß: Veranstalte eine Kleidertausch-Party!

Lade einige Freunde ein (je mehr, desto besser!). Ja, Kleidertausch-Partys sind auch etwas für Männer! Bitte alle Eingeladenen, Kleidungsstücke auszusortieren, die sie seit mindestens einem Jahr nicht mehr getragen haben. Denkt auch an Schuhe, Taschen, Gürtel und andere Accessoires. Hilfreich ist es, wenn ihr ein oder zwei Kleiderständer habt, die ihr aufstellen könnt. Stattdessen könnt ihr aber auch mit Schraubhaken und zwei Schnüren einen Besenstil an der Decke aufhängen. Außerdem braucht ihr einen großen Spiegel.

Sortiert die mitgebrachten Teile nach Hosen, Pullis, T-Shirts und weiteren Kategorien und legt sie in Stapeln auf Tischen und Sofas aus oder hängt sie mit Bügeln an der Kleiderstange auf. Getränke, Snacks und passende Musik schaffen die richtige Shopping-Atmosphäre. Los geht's!

Bist du besorgt, dass die »Party« nicht in Schwung kommt? Da helfen ein paar einfache Tricks. Zunächst gilt die Grundregel, dass jeder Gast mindestens ein neues Teil mit nach Hause nimmt. Hilfreich ist eine »Probier's-mal-an-Runde«. Dabei darf jeder ein Kleidungsstück für einen anderen Gast zum Anprobieren aussuchen. Für sich selbst wählt man stets ähnliche Teile aus und ist dann erstaunt, wie gut einem andere Kleidungsstücke stehen. Übrigens spielt es keine Rolle, dass ihr alle verschiedene Größen tragt. Erfahrungsgemäß findet bei einer Kleidertausch-Party jeder etwas Passendes. Seid ihr alle mit neuen Lieblingsteilen eingedeckt, könnt ihr die übrigen Sachen an eine Kleiderkammer oder eine andere gemeinnützige Organisation in eurer Stadt spenden.

Tipp Im Sommer kann die Kleidertausch-Party natürlich auch im Garten oder im Park stattfinden. Das löst das Platzproblem in vielen Wohnungen. Aus Leintüchern und Wäscheklammern könnt ihr eine mobile Umkleidekabine an einigen Ästen aufhängen.

53 Rollentausch

Neue Wertschätzung für eingespielte Gewohnheiten

Wir spielen viele verschiedene Rollen in unserem Leben. Vielleicht bist du im Freundeskreis diejenige, die immer alles organisiert? Im Haushalt der, der selten mal ein Putzgerät in die Hand nimmt? Gegenüber deinen Eltern immer noch der Bub, dem Mama was Ordentliches kochen muss? In deiner Partnerschaft diejenige, die abends immer den Film aussucht? Diese Rollen haben sich in unseren Beziehungen etabliert. In vielen Fällen funktionieren wir so gut miteinander. Aber vielleicht sind wir manchmal auch ein bisschen unzufrieden? Wünschen uns, einmal in die gegensätzliche Rolle zu schlüpfen, nur um zu sehen, wie das ist? Stürz dich in dieses Alltagsabenteuer und wage den Perspektivwechsel!

Schau dir das soziale Gefüge einmal genauer an, in dem du deinen Alltag verbringst. Überlege, welche Dinge stets du tust und worum du dich eigentlich nie kümmerst. Am besten beginnst du mit einer Sache, die du sonst immer anderen überlässt. So läufst du nicht Gefahr, dass dein Vorschlag als Vorwurf oder Kritik interpretiert wird. Denn darum geht es eben nicht! Ziel ist es vielmehr, sich in den anderen hineinzuversetzen und Dinge mehr wertzuschätzen, die wir oft als selbstverständlich betrachten. Vielleicht hast du Lust, den nächsten Wochenendausflug oder Urlaub zu planen, was sonst immer dein Partner übernimmt? Oder du kochst beim anstehenden Elternbesuch das Lieblingsessen deiner Mutter und zauberst hinterher ein besonderes Dessert? Übernimm im Meeting mit Kollegen doch mal die Gesprächsführung, wenn du sonst eher stille Zuhörerin bist. Oder kümmere dich darum, Ideen und Geld für das nächste Geburtstagsgeschenk im Freundeskreis zu sammeln.

Sage gern dazu, dass du dankbar bist, dass dir diese Dinge sonst abgenommen werden, und dass du dich gern einmal revanchieren wolltest. Und vielleicht kommt der Gegenvorschlag zum Rollentausch in einem anderen Bereich dann ganz von allein.

Tipp Du kannst aus dem Rollentausch auch ein regelmäßiges Ritual machen, beispielsweise indem du immer dienstags kochst, wenn Kochen sonst meistens ins Repertoire deines Partners fällt.

54_Sternlauf

Alle Wege führen zusammen

Allein Abenteuer zu erleben ist besonders aufregend, gemeinsam mit Freunden oder Familie macht es dafür mehr Spaß. Dieses Alltagsabenteuer vereint beide Aspekte: Jeder legt seinen Weg zurück, um zum gemeinsamen Treffpunkt zu kommen. Dort könnt ihr dann zusammen die Abenteuerlust und euer Wiedersehen feiern.

Gemeinsam sucht ihr ein Ziel aus. Das kann ein Picknickplatz am See oder eine Feuerstelle im Wald sein. Genauso gut eignet sich aber ein Restaurant oder eine Eisdiele in der Stadt als Mittelpunkt eures Sternlaufs. Sinnbildlich für die Zacken eines Sterns startet jeder an einem anderen Punkt. Natürlich müsst ihr nicht unbedingt allein aufbrechen. Wer mag, geht als Familie oder in Zweierteams los. Die Strecken zum Ziel können unterschiedlich lang oder schwierig sein. Wer gern sportlich wandert, nimmt den Weg über den Berg, andere gehen lieber am Bach entlang. Wer lieber mit dem Rad kommt, kann die Entfernung zwischen Ziel und Startpunkt vergrößern. Vereinbart ein Zeitfenster, zu dem ihr gemeinsam am Ziel eintreffen möchtet. Wer zuerst am Grillplatz ankommt, kann schon einmal Holz fürs Lagerfeuer sammeln. Es ist ein tolles Gefühl, sich als Gruppe so zusammenzufinden und dem Eintreffen jedes Einzelnen entgegenzufiebern.

Auf dem Weg müssen alle Teilnehmer kleine Aufgaben erfüllen. Verfasst einen passenden Vierzeiler zu diesem Alltagsabenteuer. Sammelt unterwegs drei blaue Gegenstände. Fotografiert ein beliebiges Tier – eine Ameise, Spinne oder Fliege findet sich überall. Wollt ihr euren Sternlauf spannender gestalten, kann der Organisator den Zielort zunächst geheim halten und jedem Team zum Start ein Rätsel mitgeben. Erst wer sein Rätsel gelöst hat, erfährt den geheimen Treffpunkt. Dort wartet ein Kuchen als Belohnung für die Schnellsten. Wer zuletzt eintrifft, bekommt vielleicht nur noch Krümel. Aber mit Sicherheit habt ihr alle etwas zu erzählen!

Tipp Wohnt ihr in verschiedenen Städten oder Stadtteilen, könnt ihr aus dem Sternlauf auch eine Sternfahrt mit öffentlichen Verkehrsmitteln machen.

55 __ Straßenfest

Auf eine gelungene Nachbarschaft!

Selbstverwirklichung und Individualität stehen in unserer heutigen Gesellschaft über Gemeinschaftsgefühl und Gemeinsinn. Das führt oft dazu, dass wir unsere eigenen Nachbarn kaum kennen. Dabei hat eine gute Nachbarschaft so viel Potenzial. Sich gegenseitig auszuhelfen, neue Kontakte zu knüpfen und Teil einer Gemeinschaft zu sein trägt nicht nur zu einem erfüllten Dasein bei: Es ist auch die Grundlage für unsere Weiterentwicklung als Individuen. Mit einem Straßenfest sorgst du für die notwendige Starthilfe!

Frag in deiner Nachbarschaft herum, wer Lust hat, das Fest mit dir gemeinsam zu organisieren. Wenn die Aufgaben überschaubar bleiben, sind viele Nachbarn bereit mitzuhelfen. Übersteigt die Größe der Veranstaltung die eines Hof- oder Gartenfests, müsst ihr zunächst bei der Gemeinde eine Genehmigung einholen. Das Wichtigste ist die Verpflegung. Ihr könnt eine Liste machen, in die jeder einträgt, was er mitbringen möchte. Ist euch das zu viel Aufwand, könnt ihr auch einen Foodtruck bestellen, der Speisen und Getränke verkauft. Niemand will im Stehen essen und trinken. Bringt eure eigenen Gartenmöbel zum Sitzen mit oder leiht Biertischgarnituren bei der örtlichen Brauerei aus. Auch Musik ist ein entscheidender Faktor für ein gelungenes Straßenfest. Ob Band, DJ oder eure eigene Playlist: Wichtig ist eine für die Umgebung passend dimensionierte Lautsprecheranlage.

Für Kinder sind Straßenfeste ein Selbstläufer. Stellt eine Kiste mit alten Faschingsverkleidungen zusammen. Vielleicht erklärt sich ein Nachbar zum Kinderschminken bereit? Als Highlight könnt ihr eine Schokokuss-Schleuder, eine Rollenrutsche oder eine Hüpfburg ausleihen. Übersteigt das euer Budget, genügt aber auch das Trampolin der Nachbarn, ein selbst gestaltetes Dosen-Wurfspiel oder Flaschenkegeln mit gefüllten PET-Flaschen. Zu späterer Stunde werden auch die Erwachsenen begeistert mitspielen.

Tipp Überlegt euch von Beginn an eine Alternative für schlechtes Wetter. Das kann eine Verlegung nach drinnen oder ein Ersatztermin sein.

56 Wenn ich du wäre

Das lustigste Challenge-Spiel der Welt

Gut gemeinte Ratschläge beginnen oft mit »Wenn ich du wäre …«. Bei diesem Alltagsabenteuer werden aus Ratschlägen lustige (und vielleicht auch einige ernstere) Challenges. Herausforderungen bringen uns dazu, unsere Komfortzone zu verlassen und zu zeigen, was wirklich in uns steckt. »Wenn ich du wäre, würde ich ins nächste Taxi springen und zum Fahrer sagen: Bitte folgen Sie unauffällig diesem Wagen!« »Wenn ich du wäre, würde ich mir vor der Eisdiele meine Eiswaffel auf den Kopf setzen und rufen: Ich bin das letzte Einhorn!« Dein Spielpartner muss die ihm gestellte Aufgabe erfüllen. Aber Achtung: Tut er es nicht, musst du selbst deine Challenge erfüllen. Hast du bewiesen, dass du die Aufgabe tatsächlich erfüllen würdest, wenn du er wärst, muss er dafür zehn Euro in eine gemeinsame Kasse einzahlen. Davon geht ihr später gemeinsam schick essen. Alternativ könnt ihr das Geld natürlich spenden. Auch mit Freunden in weiter entfernten Städten kannst du »Wenn ich du wäre« spielen. Die Umsetzung der Aufgabe erfolgt mit Foto- oder Videobeweis. Aus der gemeinsamen Kasse könnt ihr das Zugticket für den nächsten Besuch finanzieren.

Auf diese humorvolle Art kannst du dein Gegenüber auch bei ernsteren Themen positiv herausfordern. »Wenn ich du wäre, würde ich für meine gute Arbeit mehr finanzielle Anerkennung fordern.« »Wenn ich du wäre, würde ich den sympathischen Typen anrufen, der dir neulich seine Nummer gegeben hat.« Bei Erfüllung muss die Herausfordererin den Beitrag in die Gemeinschaftskasse leisten. Traut sie sich nicht, zahlt die Herausgeforderte.

Etwas zu wagen, was nicht auf der Alltagsagenda steht, macht uns mutiger, gelassener, selbstbewusster und um eine Erfahrung reicher. Natürlich gibt es dabei Grenzen, die nicht überschritten werden dürfen, zum Beispiel, wenn es gefährlich wird oder die Gefühle anderer verletzt werden.

Tipp Wenn ich du wäre, würde ich dieses Buch kaufen und an all meine Freunde verschenken …

Abenteuer nach Feierabend

Nach einem anstrengenden Arbeitstag machen wir es uns gern mit einer Flasche Wein auf der Couch gemütlich und berieseln den Alltagsstress so lange mit seichter Unterhaltung, bis wir ihn nicht mehr sehen. Wirklich abschalten kann man dabei leider nicht. Um den Blickwinkel auf deine Alltagsprobleme zu ändern, brauchst du neue Eindrücke und neue Gefühle. Sprich mit einem Obdachlosen, genieße die Aussicht vom höchsten Punkt deiner Stadt oder dusche dich im Dunkeln.

Vor allem mit einem Vollzeitjob macht sich manchmal das Gefühl breit, dass das Leben einfach so an uns vorbeizieht. Was dagegen hilft? Nutze die Freizeit, die zwischen zwei Arbeitstagen liegt, doch einmal voll aus. Erlebe einen Sonnenaufgang und geh anschließend vor der Arbeit noch lecker frühstücken. Spiele Volkshochschulkurs-Bingo und lerne etwas wirklich Neues. Und wann hast du eigentlich das letzte Mal unter dem Sternenhimmel geschlafen?

Fahre abends nicht nur deinen Computer herunter, sondern schalte auch deinen Kopf ab – zumindest von den Gedanken an unerledigte Aufgaben und anstehende Termine. Schließlich hast du nach acht Stunden Arbeitstag ganze 16 Stunden Zeit, um ein Alltagsabenteuer nach Feierabend zu erleben!

57 24 Stunden

Nutze alle Stunden deines Tages

Wünschst du dir auch manchmal, dass der Tag mehr als 24 Stunden hätte? Einer möchte mehr Zeit, um endlich all die Dinge auf seiner To-do-Liste zu erledigen. Eine andere braucht mehr Zeit für sich. Vielleicht wünschst du dir mehr Zeit mit deinem Partner oder deiner Familie? Um Freunde zu treffen? Um Sport zu machen? Ein neues Hobby auszuprobieren? Dich sozial zu engagieren?

Die 24 Stunden lassen sich nicht ausdehnen. Aber für das Gefühl, mehr Zeit zu haben, kannst du an einem Tag einfach mal die Nacht weglassen. Oder besser ausgedrückt: das Schlafen. Schnapp dir deine Partnerin oder ein paar deiner Lieblingsmenschen und macht die Nacht durch. Radelt durch die leere Stadt (am meisten Spaß macht's auf dem Gepäckträger), tanzt auf der Straße, badet im See, beobachtet gemeinsam die Sterne und später den Sonnenaufgang. Schafft eine unvergessliche Erinnerung.

Erledige über Nacht deine Steuererklärung, beende dein lange vor dir hergeschobenes Nähprojekt oder hilf in der Bahnhofsmission aus. Mach einen Nachtspaziergang und höre nebenher den Podcast über gewaltfreie Kommunikation, fernöstliche Küche oder über etwas, womit du dich schon lange einmal auseinandersetzen wolltest. Recherchiere nach neuen Jobs, mach endlich die zweite Lektion aus dem Italienischbuch oder dem Gitarrenkurs. Tu etwas, was dir wichtig ist, wofür du aber in deinem Alltag keine Zeit findest.

Genieße das Gefühl, dass der Tag endlos ist, welches sich irgendwann nach Mitternacht einstellt. Am Morgen danach verabredest du dich am besten zum Frühstück und trinkst einen großen Kaffee. So vermeidest du, dass dich die Müdigkeit kurz nach Sonnenaufgang übermannt. Natürlich wirst du trotzdem irgendwann müde werden und gehst abends sicher früh ins Bett. Aber ehrlich betrachtet: Hättest du sonst den Abend nicht vielleicht auch nur unproduktiv auf der Couch verbracht?

Tipp Um munter durch die Nacht zu kommen, mach am besten am vorhergehenden Tag einen Mittagsschlaf und verzichte auf zu viel Fett und Zucker.

58 Auf der Straße

Gespräch mit einem Obdachlosen

Wie viele Obdachlose hast du in deinem Leben bereits gesehen? Und mit wie vielen hast du gesprochen? Obwohl uns die Menschen am Straßenrand oft (unangenehm) auffallen, setzen wir uns fast nie mit ihnen auseinander. Vielleicht hast du Vorurteile oder fühlst dich abgestoßen. Damit bist du nicht allein. Aber die Obdachlosen sind es oft! Dieses kleine Straßenabenteuer gibt dir die Chance, zu helfen und einen Teil der Welt zu erkunden, den du vielleicht instinktiv meidest.

Unsere Einstellung zu Obdachlosen ist sehr verschieden und doch irgendwie gleich. Manche haben Mitleid und geben jedem etwas, der darum bittet. Andere denken, dass gespendetes Geld vor allem in Alkohol und Drogen investiert wird, und geben daher grundsätzlich nichts. Auch von Banden, die Menschen mit fingierten Verletzungen zum Betteln schicken, haben wir alle schon gehört. Im Einzelfall wissen wir allerdings nichts. Wir wissen nicht, warum der ältere Herr mit dem ungepflegten Bart unter der Brücke schläft. Wir wissen nicht, weshalb die Frau mit der Zahnlücke ihren Arm in einer Schlinge trägt. Wir haben sie ja auch nicht gefragt. Also fass dir ein Herz und sprich mit ihnen!

Nimm dir nach Feierabend eine Stunde Zeit und sprich einen Obdachlosen an. Frag, ob du dich zu ihm setzen darfst. Wenn du möchtest, kannst du euch zwei Pizzen oder Getränke mitbringen. Beginne das Gespräch mit einfachen konkreten Fragen. »Haben Sie Kinder?« oder »Waren Sie schon einmal am Meer?«. Viele Obdachlose erzählen bereitwillig von ihrem Leben, wenn ihnen echtes Interesse entgegengebracht wird. Wahrscheinlich erfährst du, warum derjenige auf der Straße gelandet ist. Und vielleicht sind es Gründe, die deinen Vorurteilen so gar nicht entsprechen. Wenn du möchtest, kannst du Hilfe anbieten oder einfach nur wiederkommen. So hilfst du, die Isolation zu durchbrechen, die oft schwerer wiegt als die Armut.

Tipp Du traust dich nicht, einen obdachlosen Menschen anzusprechen? Beginne damit, jedes Mal beim Vorbeigehen freundlich zu grüßen. Nach einigen Tagen bringst du den Mut bestimmt auf.

59 Blick nach Osten

Alltagsabenteuer Sonnenaufgang

Morgenstund hat Gold im Mund. Der frühe Vogel fängt den Wurm. Im Frühtau zu Berge … Warum nur gibt es so viele Sprichwörter und Lieder über das frühe Aufstehen, obwohl es uns solche Überwindung kostet? Auch wenn wir keinen Wurm fangen wollen: Das Erlebnis eines Sonnenaufgangs ist jedes Weckerläuten wert!

Ein chinesisches Sprichwort sagt: Dreimal früh aufstehen macht einen ganzen Tag. Und tatsächlich ist das ein Teil des Geheimnisses. Neben der Ruhe, der Schönheit und dem besonderen Licht des Sonnenaufgangs kannst du deinen Tag mit den ersten Sonnenstrahlen tatsächlich starten. Du bist wach, angezogen, unterwegs und voller Tatendrang, wenn du dich sonst noch einmal im Bett umdrehen würdest. Also stell deinen Wecker einmal für ein Alltagsabenteuer *vor* der Arbeit.

Einen Sonnenaufgang kannst du überall dort erleben, wo du freie Sicht nach Osten hast. Manche sagen, in den Bergen sei er am schönsten, aber auch die Wasserlinie eines Sees ist eine wunderbare Kulisse. Zum Fotografieren eignet sich eine markante Horizontlinie am besten. Auch in der Stadt kannst du den Sonnenaufgang genießen. Dort solltest du einen möglichst erhöhten Standort wählen. Am Abend vorher empfiehlt es sich, die Wetteraussichten und den Zeitpunkt des Sonnenaufgangs zu überprüfen. Nimm dir eine warme Jacke und Kaffee oder Tee in einer Thermoskanne mit, um das Warten gemütlicher zu gestalten. In den Sonnenaufgang hineinwandern ist ebenfalls ein tolles Erlebnis. Bist du in der Dunkelheit im freien Gelände unterwegs, solltest du den Weg kennen und eine Stirnlampe mitnehmen.

Sobald das erste diffuse Licht den Himmel erhellt und das Morgenrot den Horizont färbt, ist das Weckerklingeln garantiert vergessen. Stattdessen startest du mit guter Laune und extra Energie in deinen Tag. Vielleicht hast du sogar noch Zeit für ein gemütliches Frühstück, bevor du in die Arbeit musst?

Tipp In unseren Breitengraden geht die Sonne im Sommer eher im Nordosten, im Winter hingegen tendenziell im Südosten auf. Das ist der Neigung der Erdrotationsachse geschuldet.

60_Bookcrossing

Wenn Bücher auf Reisen gehen

Du stehst in der Buchhandlung, schaust dir Titel um Titel an, liest Klappentexte – und kannst dich einfach nicht entscheiden. Klar hast du Lust, mal wieder ein richtig gutes Buch zu lesen. Aber viele sind am Ende doch nur mittelmäßig, berühren dich nicht, bleiben nicht in Erinnerung. Wäre es nicht toll, ein Buch zu finden, das dir seine Geschichte erzählt? Wer es schon gelesen hat und wie es vorherigen Lesern gefallen hat? Wo genau dieses Exemplar schon überall war? Genau das bekommst du in diesem Alltagsabenteuer.

Beim Bookcrossing werden Bücher in die Freiheit entlassen oder auf Reisen geschickt. Dazu werden sie registriert und mit einer Bookcrossing-ID versehen. Die so gekennzeichneten Bücher können an Freunde verschickt oder an öffentlichen, wettergeschützten Orten abgelegt werden. Wer ein Buch findet, kann anhand der ID über die Webseite www.bookcrossing.com nachlesen, wo das Buch vorher schon überall gewesen ist und welche Kommentare andere Leser dazu abgegeben haben. Über das Onlineportal findest du auch offizielle Ablageplätze in deiner Nähe, wo immer wieder Bücher abgelegt werden, kannst gezielt auf Bücherjagd gehen oder dich mit anderen Bookcrossern vernetzen. Mitmachen kann jeder, die Teilnahme ist kostenlos. Diese »Bibliothek für die Welt« wurde vor über 20 Jahren in den USA gegründet und umfasst heute fast 14 Millionen registrierte Bücher, die weltweit unterwegs sind. Nach den USA ist Deutschland das aktivste Land beim Bookcrossing.

Sicher findest du in deinem Bücherschrank ein Exemplar, das es wert ist, noch einmal gelesen zu werden. Registriere das Buch, versieh es mit einem Bookcrossing-Aufkleber und lass es frei. Es ist spannend, zu sehen, wer dein Buch als Nächstes liest. So behältst du zu manchen Büchern eine Verbindung, die lange über das Lesen hinausreicht. Vielleicht tritt auch dieses Buch irgendwann seine Reise um die Welt an?

Tipp Bei Bookcrossing registrierte Bücher kannst du natürlich auch einfach zum Verschenken vor deine Haustür stellen oder in einem örtlichen Tauschregal abstellen.

61 Dinner in der Tram

Picknick-Abenteuer mit Publikum

Wenn die öffentlichen Verkehrsmittel abends leerer werden, bietet sich eine phantastische Gelegenheit für ein Alltagsabenteuer in der Straßenbahn. Keine Sorge, das wird keine Anleitung für erotische Episoden in der Öffentlichkeit. Und doch gehört auch zu diesem Erlebnis ein kleines bisschen Mut. Aber genau das macht es aus. Verlasse den Alltags-Mainstream, sei ganz du selbst, konzentriere dich auf dein eigenes Erleben und sorge dich nicht darum, was andere denken. Pack deinen Picknickkorb und los geht's!

Willst du zunächst einmal ausprobieren, wie Menschen auf ungewohntes Verhalten in der Öffentlichkeit reagieren, schnapp dir einen Klappstuhl und setze dich damit in die nächste Straßenbahn. Achte darauf, niemandem im Weg zu sein, und reagiere auf mögliche Fragen sehr freundlich. Einige werden erstaunt sein, und man wird vielleicht über dich sprechen. Aber ist das schlimm? Hast du die Feuerprobe bestanden, bist du bereit für dein erstes Dinner in der Tram.

Besonders viel Spaß macht so ein Picknick in der Straßenbahn zu zweit. Wähle eine Bahnlinie mit schöner Aussicht, vielleicht sogar zur Sonnenuntergangszeit. Zum Anrichten deines Tram-Dinners eignet sich ein Tablett, am besten so eins mit Standfüßen zum Frühstücken im Bett. Lege ein kleines Deckchen auf und breite deine Köstlichkeiten darauf aus. Erkundige dich bitte vorher, ob das Essen in der ausgewählten Straßenbahn erlaubt ist. Hier gibt es sehr unterschiedliche Regelungen in den einzelnen Städten. Achte darauf, keine stark riechenden Speisen mitzunehmen, durch die sich andere Fahrgäste gestört fühlen könnten. Alkohol ist übrigens in fast allen öffentlichen Verkehrsmitteln verboten. Du wirst sehen, die positiven Kommentare werden die Kritik überwiegen. Und vielleicht findet sich sogar ein »Gast«, der sich über eine spontane Einladung zu deinem Picknick in der Tram freut.

Tipp Solltest du dich beim Dinner in der Tram gar nicht wohlfühlen, kannst du natürlich jederzeit wieder aussteigen und dir ein gemütliches Picknick-Plätzchen draußen suchen.

62 Duschen im Dunkeln

Worüber Google nichts weiß

Egal, welches Abenteuer du heutzutage googelst: Du findest immer Berichte über Menschen, die es schon ausprobiert haben. Anders beim Duschen im Dunkeln. Diese Tatsache hat mich so fasziniert, dass ich es unbedingt selbst versuchen wollte. Du auch? Wage etwas Ungewöhnliches und dusche dich einmal in völliger Dunkelheit!

Hast du ein innenliegendes Bad, ist die Vorbereitung einfach: Tür zu, Licht aus. Falls dein Bad Fenster hat, musst du diese möglichst lichtundurchlässig verschließen. Denk daran, deine elektrische Zahnbürste und andere Geräte mit Standby-Lichtern auszustecken. Bevor du dich in die Dunkelheit wagst, solltest du dir dein Handtuch zurechtlegen und darauf achten, dass es im Badezimmer keine Stolperfallen gibt. Und jetzt rein ins nasse Abenteuer! In deiner eigenen Dusche weißt du intuitiv, wie du warm und kalt einstellen kannst. Fühlt sich das kalte Wasser im Dunkeln noch kälter an? Hast du erst mal deine Wohlfühltemperatur erreicht und das warme Wasser prasselt dir auf den Kopf und läuft über die Schultern hinunter, ist das ein ganz besonderes Gefühl. Die fehlende Sicht lässt dich das Wasser und deinen Körper intensiver spüren. Es fühlt sich sinnlich an, geborgen und auch irgendwie ursprünglich.

Haarewaschen oder gar Rasieren im Dunkeln ist einfacher als vermutet. Die millionenfach geübten Abläufe spult der Körper automatisch ab. Das Verlassen der Dusche oder der Badewanne fühlt sich schon etwas wackeliger an. Sei vorsichtig, damit du auf nassem Untergrund nicht ausrutschst. Bist du erst einmal in dein trockenes Badetuch eingewickelt, kannst du noch deine Haare in der Finsternis föhnen. Auch der Wohlfühleffekt des warmen Luftstroms wird durch die Dunkelheit verstärkt. Nach so viel Wohlbefinden kuschelst du dich am besten mit einem warmen Tee und einem guten Buch aufs Sofa und lässt den Tag gemütlich ausklingen.

Tipp Ist es dir in der vollkommenen Finsternis im Badezimmer nicht ganz geheuer, kannst du ein einzelnes Teelicht aufs Waschbecken stellen.

63_Get in touch

Lade einen Fremden zum Essen ein

Noch mehr als Erlebnisse erweitern Menschen unseren Horizont. Im Alltag machen wir allerdings selten neue Bekanntschaften. Zeit, das zu ändern: Lade einen fremden Menschen zum Essen oder auf ein Getränk ein! Doch wo bekommst du jetzt so plötzlich einen Fremden her? Das hängt ein bisschen davon ab, wie mutig du bist. Traust du dich, jemanden auf der Straße anzusprechen? Eine gemeinsame Wartesituation kann den Einstieg ins Gespräch erleichtern. Als Aufhänger eignet sich, was dir zuerst an der Person auffällt: ein Kleidungsstück oder Accessoire, das dir gefällt oder das vielleicht selbst gemacht ist. Ein Lastenrad oder ein anderes ungewöhnliches Fortbewegungsmittel. Ein Buch, eine Zeitschrift, ein Dialekt oder einfach eine Bemerkung, die du mit angehört hast.

Natürlich kannst du auch jemanden einladen, den du schon öfter gesehen hast und der dir sympathisch ist. Vielleicht deine Friseurin, den Mitarbeiter aus dem Fitnessstudio, die Nachbarin vom Haus nebenan oder einen Kollegen aus der Firma, mit dem du sonst keinen privaten Kontakt hast. Egal, ob flüchtiger Kontakt oder Zufallsbekanntschaft: Sprich die Person an. Verabrede dich zum Essen, auf ein Getränk, zum Spazierengehen oder zum Sport. Egal, was ihr macht – stelle deinem Gesprächspartner offene Fragen und zeige Interesse. Ansichten und Erfahrungen anderer geben uns neue Impulse und erweitern unser Blickfeld.

Die Vorstellung findest du befremdlich? Stell dir die Situation andersherum vor: Was würdest du denken, wenn dich ein Fremder ansprechen und auf einen Smoothie einladen würde? »Wow, jemand hält mich auf den ersten Blick für einen interessanten Menschen.« Im besten Fall lernst du einen neuen Freund kennen. Vielleicht lehnt dein Gegenüber höflich ab. Dann bleibt dir das gute Gefühl, einmal die unsichtbare Grenze überschritten zu haben, die wir zwischen uns und anderen Menschen ziehen.

Tipp Besonders interessant ist es, Menschen einer anderen Altersgruppe anzusprechen. Ihre Lebenserfahrung unterscheidet sich oft sehr von unserer eigenen und liefert sicher Gesprächsstoff.

64 Gute Aussicht

Erkunde deine Stadt aus der Vogelperspektive

Kennst du die Janosch-Geschichte »Oh, wie schön ist Panama«? Der kleine Bär und der kleine Tiger ziehen los, um ihr Traumland Panama zu finden. Weil sie aber im Kreis gehen, kommen sie schließlich zum Ausgangspunkt zurück. Eine Krähe zeigt ihnen vom Baum aus ihr Zuhause, das sie – dank der neuen Perspektive – für das Land ihrer Träume halten. Diesen neuen Blick auf Altbekanntes soll dir das folgende Alltagsabenteuer liefern.

Welches sind die höchsten Punkte in deiner Stadt? Ein Kirchturm, das Deck eines Parkhauses, ein Fernseh- oder Aussichtsturm, die Dachterrasse eines Hochhauses oder Hotels, ein Riesenrad, ein Hügel? Erkundige dich, welche Aussichtspunkte öffentlich zugänglich sind, oder bitte die Besitzer, dass du einmal hinaufsteigen darfst. Nutze die Stunden nach Feierabend, um deine Stadt von oben kennenzulernen. Wohnst du ländlicher, kannst du einen Hochsitz erklimmen oder auf einen Baum klettern. Je nach Ort, Uhr- und Jahreszeit kannst du einen Sonnenuntergang von dort oben sehen, die abendliche Beleuchtung des Häusermeers unter dir bewundern oder die Stille der Natur genießen.

Du wirst von oben Details deiner Umgebung entdecken, die dir vorher nie aufgefallen sind. Vielleicht hast du ein Fernglas, mit dem du deinen Ausblick verlängern beziehungsweise fokussieren kannst? Pack dein Smartphone aus und mache ein Panoramafoto. Wenn es richtig gut wird, eignet es sich vielleicht sogar als Postervorlage für dein Zuhause.

Ist der Kirchturm nicht hoch genug für dich, kannst du dir eine Kameradrohne kaufen oder leihen. Damit kannst du hoch über Stadt und Landschaft schweben und deine Umgebung von oben filmen. Wohngrundstücke darfst du allerdings nur mit ausdrücklicher Genehmigung der Eigentümer überfliegen. Für Fluggeräte, die mehr als 250 Gramm wiegen, benötigst du einen Drohnenführerschein. Außerdem besteht für sämtliche Drohnen eine Versicherungspflicht.

Tipp Hör genau hin: Deine Umgebung sieht von oben nicht nur anders aus, sie hört sich auch anders an! Einzelne Laute verschwimmen zu einer Geräuschkulisse, die sich mit dem Pfeifen von Wind und Vögeln vermischt.

65 Helfen tut gut

Warum ehrenamtliches Engagement gegen Stress hilft

Es ist längst wissenschaftlich erwiesen: Helfen macht glücklich. Etwa ein Fünftel der deutschen Bevölkerung übt im Laufe ihres Lebens ein Ehrenamt aus. Bist du auch schon dabei? Indem du dich ehrenamtlich engagierst, hilfst du nicht nur anderen – du steigerst auch deine eigene Lebenszufriedenheit.

Anderen zu helfen stiftet Sinn in deinem Leben. In der Kleiderkammer, einer Flüchtlingsorganisation oder bei der örtlichen Tafel kannst du mithelfen, Menschen mit dem Nötigsten zu unterstützen. Diese sinnstiftende Tätigkeit fördert nicht nur Integration und soziale Gerechtigkeit, sondern auch dein persönliches Wachstum. Mit der Erfahrung, durch deinen Einsatz etwas zu bewirken, wächst auch dein positives Selbstwertgefühl.

Ein Engagement im Fahrdienst für Menschen mit Behinderung, als Lesepate oder Wiedereingliederungshelfer in einer Justizvollzugsanstalt stärkt die Gesellschaft ebenso wie dein Selbstbewusstsein. Neue soziale Kontakte kannst du durch eine ehrenamtliche Mitarbeit im Sportverein oder einem Repair-Café knüpfen. Dabei hilfst du nicht nur anderen, sondern bereicherst dein eigenes Leben auch um neue Freunde und Fähigkeiten. Das Gemeinschaftsgefühl, das aus freundschaftlichen Beziehungen entsteht, ist einer der größten Faktoren in der Glücksforschung.

Wusstest du, dass es sechs verschiedene Glückshormone gibt? Gleich vier davon können freigesetzt werden, wenn wir Gutes tun: Dopamin, Endorphin, Serotonin und Oxytocin. Ihre Ausschüttung unterstützt gleichzeitig den Abbau von Stresshormonen. Gehe Senioren im Pflegeheim und im Hospiz besuchen oder biete deine Hilfe im örtlichen Tierheim an. Du machst damit nicht nur den Besuchten eine Freude, sondern reduzierst auch dein eigenes Stresslevel. Ehrenamtliches Engagement ist ein Alltagsabenteuer mit Win-win-Effekt. Während du anderen hilfst, profitiert auch dein eigenes Wohlbefinden.

Tipp Wenn dich der Zeitaufwand schreckt: Ehrenamtliches Engagement muss nicht wöchentlich stattfinden. Viele Tätigkeiten kannst du auch in größeren Abständen ausüben.

66 Ich geh schaukeln

Erfülle deine eigenen Wünsche

Kinder tun instinktiv das, was ihnen Spaß macht. Was sie glücklich macht. Und das auch meistens, ohne vorher darüber nachzudenken. Irgendwann haben wir das verlernt, oder es wurde uns »aberzogen«. Wir denken viel zu viel darüber nach, bevor wir etwas tun. Ist es sinnvoll, schwierig, teuer? Was sagen die anderen Leute darüber? Gäbe es vielleicht eine bessere Alternative? Und am Ende: machen wir häufig nichts. Lass das Kind in dir doch mal wieder tun, was ihm Spaß macht. Und lerne dabei, dein Handeln wieder mehr an deinen eigenen Wünschen auszurichten!

Der beste Ort, um den Instinkt deiner Kindheit wiederzufinden, ist ein Spielplatz. Nach Feierabend ist es dort oft leer, und du hast die Spielgeräte ganz für dich allein. Setz dich auf die Schaukel und schwinge, so hoch du kannst. Kopf nach hinten, Beine nach vorn, Augen zu und genieße den Höhenflug! Traust du dich noch abzuspringen, wenn du ganz oben bist? Kannst du im Stehen schaukeln? Oder warst du eher der Rutsch-Typ? Dann rauf auf die Rutsche, vorwärts runterrutschen, rückwärts runterrutschen und auf dem Bauch! Tipp: Jogginghosen rutschen am besten. Mein persönlicher Favorit unter den Spielgeräten war und ist übrigens der Flying Fox.

Natürlich geht das Ganze auch ohne Spielplatz. Klettere auf einen Baum, renne ohne Grund über eine Wiese, hüpfe von Pflasterstein zu Pflasterstein, singe oder schreie, so laut du kannst. Das Gefühl, das sich dabei in dir ausbreitet, ist Freiheit. Die Freiheit, das zu tun, was du möchtest. Also nutze die Stimmung und lass dein aktuelles Ich zu Wort kommen: Was möchtest du tun? Jetzt oder morgen oder generell in deinem Leben? Es ist nicht wichtig, was andere darüber denken oder ob es noch eine bessere Alternative gibt. Viel wichtiger ist, dass du wieder auf dich und deine eigenen Wünsche hörst. Vielleicht wird es besonders schön oder besonders schwierig. Und vielleicht sogar beides.

Tipp Auch Utopien helfen beim Wiederfinden der eigenen Wünsche: Was würdest du am liebsten tun, wenn du ein Jahr nicht arbeiten müsstest? Wenn du viel Geld hättest? Wenn du berühmt wärst?

67 Kneip(p)enabend

Kaltes Wasser statt kühles Bier

Im Sommer gilt ein kühles Bad im Baggersee als Genuss. Abenteuerlicher (und gut für die Gesundheit!) ist es aber zu den kühleren Jahreszeiten. Ebenso wie kaltes Wasser im Sommer angenehm kühl ist, hat es bei niedrigen Außentemperaturen einen wärmenden Effekt. Es muss ja nicht gleich Eisbaden sein, aber nach Feierabend wenigstens kurz die Füße ins nächstgelegene Gewässer zu tauchen baut Stress ab, hilft beim Abschalten und tut einfach unglaublich gut.

Für deinen Kneipp-Abend brauchst du einen See, einen Fluss, einen Bach oder einen Brunnen. Wenn nichts davon in erreichbarer Nähe ist, kannst du stattdessen einen Eimer mit kaltem Wasser nutzen. Vielleicht gibt es eine tiefe Pfütze vor dem Haus nach dem letzten Novemberregen? Im Winter genügt auch eine schneebedeckte Wiese oder Straße. Schuhe aus, Strümpfe aus und mindestens mit den Füßen ins kalte Nass. Hast du genügend Wasser zur Verfügung, kannst du dich auch in dein Badedress werfen und ganz untertauchen. Du brauchst nicht lange im kalten Wasser zu bleiben. Wenige Sekunden bis fünf Minuten sind ausreichend für den Kneipp-Effekt. Durch seine höhere Dichte leitet kaltes Wasser die Körperwärme viel schneller ab als kalte Luft. Unser Körper ist dagegen darauf programmiert, seine 37 Grad zu halten. Wird die Körpertemperatur durch einen so massiven Kältereiz gestört, kurbelt er die Durchblutung an, um die betroffenen Regionen möglichst schnell wieder aufzuwärmen. Je öfter du kalt duschst oder kneippen gehst, desto besser wird dieser Reflex trainiert.

Bei gesunden Menschen kurbelt Frühlings-, Herbst- und Winterbaden den Kreislauf an und baut Stress ab, und das Regulationstraining stärkt das Immunsystem. Nach dem kalten (Fuß-)Bad fühlst du dich fit und aktiviert. Menschen mit Bluthochdruck, Durchblutungsstörungen oder einem schwachen Herz-Kreislauf-System sollten vorher unbedingt Rücksprache mit ihrem Arzt halten.

Tipp Wenn du für dein Kneipp-Abenteuer zum See radelst oder joggst, unterstützt die Bewegung auf dem Heimweg den Aufwärmeffekt zusätzlich.

68 Kultur für zu Hause

Wenn dein Fernseher zur Bühne wird

Denkst du dir auch ab und zu: Ich sollte mal wieder ins Theater gehen, ins Kabarett, in die Oper, ins Musical, zu einer Lesung, ins Varieté oder wenigstens ins Kino! Mit Recht, denn Kunst hat eine vielfach positive Wirkung auf uns. Sie belebt, rüttelt auf, regt zum Nachdenken an, lässt uns die Welt von neuen Standpunkten aus betrachten. Und trotzdem können wir uns oft nicht dazu bewegen, Karten zu reservieren, Eintritt zu bezahlen oder abends extra noch in die Stadt zu fahren. Kein Problem: Hol dir die Kunst einfach nach Hause!

Inzwischen gibt es jegliche Art künstlerischer Vorführung auch digital. Damit dein kultureller Abend zu Hause zu etwas Besonderem wird, musst du nur noch das richtige Setting schaffen. Zunächst ist ein großer Bildschirm oder vielleicht sogar ein (ausgeliehener) Beamer mit Leinwand ein wichtiger Aspekt, um dem Live-Erlebnis möglichst nahezukommen. Aber nicht nur die Vorführung, auch der Zuschauerraum sollte möglichst realistisch sein. Möchtest du dir ein Varieté oder Kabarett anschauen, kannst du einen kleinen Gartentisch und zwei Stühle vor dem Bildschirm aufstellen, Häppchen vorbereiten und fancy Getränke mit bunten Schirmchen servieren. Soll es eine Theater- oder Opernaufführung sein, mach dich schick und gönn dir vorab oder in der Pause ein Glas Sekt dazu. Für einen Heimkino-Abend brauchst du auf jeden Fall Popcorn und Nachos. Die leckere warme Käsesoße lässt sich aus Schmelzkäse, Milch, Sahne, Senf, Essig und Chilischoten leicht selbst herstellen. Mach dein Handy aus, blende Gedanken an unerledigte Hausarbeit aus und genieße die Vorstellung.

Natürlich kannst du zu deinem kulturellen Alltagsabenteuer auch Freunde einladen. Oder du überraschst deine Partnerin nach Feierabend mit einer entsprechenden Einladung im Wohnzimmer. An diesen außergewöhnlichen Fernsehabend werdet ihr euch sicher noch lange erinnern.

Tipp Kostenlose Filmaufnahmen von Kulturveranstaltungen findest du zum Beispiel in den Mediatheken der öffentlich-rechtlichen Fernsehsender.

69 Nachtschwärmer

Spazieren gehen nach Sonnenuntergang

Spazieren gehen verbinden viele Menschen vor allem mit sonnigen Sonntagnachmittagen. Natürlich ist es schön, Schmetterlinge und Blumen zu beobachten und vielleicht unterwegs ein Eis zu essen. Zum Alltagsabenteuer wird der Spaziergang aber erst, wenn die Sonne schon untergegangen ist. Unterbrich also für einen Abend dein Couch-Potato-Dasein und wage dich nach draußen!

Fühlst du dich nachts draußen allein nicht wohl, verabrede dich mit einer Freundin oder einem Freund zum Nachtspaziergang. So eine Verabredung hilft auch, das Motivationstief nach dem Abendessen zu überwinden. Du kannst deinen nächtlichen Ausflug sowohl in die Natur als auch in die Stadt unternehmen. Im urbanen Raum verstummen nachts viele der Dauergeräusche des Alltags, und uns wird erst bewusst, welchen akustischen Reizen wir den ganzen Tag über ausgesetzt waren. Du kannst deine eigenen Schritte hören. Und hast du gewusst, dass manche Vögel auch nachts singen?

In vielen Städten kannst du nachts mitten auf der Straße laufen. Du kannst langsam gehen, schließlich musst du nirgendwohin. Niemand ruft dich an, du musst keine Fotos posten (das Licht ist ohnehin zu schlecht zum Fotografieren), das Handy kannst du also in der Tasche lassen. Du wirst wenige Menschen treffen, dafür mehr Katzen. Vielleicht siehst oder hörst du sogar einen Igel? Auch Fledermäuse kann man nachts oft beobachten. Bist du in der Natur unterwegs, verhalte dich leise, um keine Tiere aufzuschrecken. Außerdem solltest du für den Notfall ein Handy und vielleicht auch eine Taschenlampe dabeihaben.

Der reduzierte Input von außen gibt dir die Gelegenheit, nach einem vollen Tag deinen Gedanken nachzuhängen, bis das Gedankenkarussell langsamer wird oder du deine Gefühle und Eindrücke sortiert hast. Frische Luft und Bewegung vor dem Schlafengehen wirken außerdem Wunder beim Einschlafen und stärken dein Immunsystem.

Tipp Wiederhole deine Sonntagsspaziergänge in der Nacht. Auf bekannten Wegen fühlst du dich wohl und nimmst die Unterschiede zwischen den Tageszeiten noch stärker wahr.

70 Nackifrosch

Ein hüllenloses Alltagsabenteuer

Hinter diesem unglaublich bescheuerten Titel verbergen sich gleich zwei spannende Alltagsabenteuer: eines für mich und eines für dich. Ich habe mit diesem Titel die nächste Runde »Wenn ich du wäre« (siehe Kapitel 56) gegen meinen Mann gewonnen. Als ich auf Ideensuche für dieses Buch war, forderte er mich heraus: »Wenn ich du wäre, würde ich ein Alltagsabenteuer mit ›Nackifrosch‹ betiteln!« Erledigt :). Und dein Alltagsabenteuer? Tja, dafür musst du wirklich die Hüllen fallen lassen.

Nacktsein macht glücklich. Es verbessert nicht nur das Körpergefühl, es wirkt sich auch positiv auf die Psyche aus. Dennoch kostet es die meisten Menschen große Überwindung, längere Zeit textilfrei zu verbringen. Versuche zuerst einmal, eine Nacht lang nackt zu schlafen. Die fehlende Nachtwäsche vereinfacht es deinem Körper, die ideale Schlaftemperatur zu finden. Diese Abkühlung reduziert die Ausschüttung des Stresshormons Cortisol. Du kannst besser durchschlafen und wachst am nächsten Morgen erholter auf. Durch die Bettwäsche auf deiner nackten Haut intensiviert sich dein Körperempfinden und stärkt dein Selbstbewusstsein.

Versuche im zweiten Schritt, auch andere Tätigkeiten ohne Kleidung auszuüben. Ein tolles Körpergefühl gibt Nacktyoga – außerdem bist du ohne Sportdress noch beweglicher. Ebenso gut kannst du zu Hause einmal nackt kochen, frühstücken oder fernsehen. Auch im Freien ist das Nacktsein in Deutschland nicht generell verboten. Achte aber darauf, dass du niemanden mit deiner Nacktheit störst. Sonne auf nackter Haut gibt ein Gefühl der Ursprünglichkeit. Besonders frei fühlt sich das Nacktbaden in einem Fluss, See oder Meer an. Als Aktmodell für einen Zeichenkurs lernst du, deinen Körper mit anderen Augen zu sehen. Du möchtest noch mehr ausprobieren? Viele Destinationen bieten inzwischen nackte Ferien, sogenannte Nakations, an.

Tipp Freikörperkultur (FKK) hat in Deutschland eine lange Tradition. Im Harz und in der Lüneburger Heide gibt es sogar zwei offizielle Nacktwanderwege.

71_Unterm Sternenhimmel

Draußen schlafen ohne Zelt

Wann hast du das letzte Mal direkt vor dem Einschlafen die Sterne gesehen? Das Übernachten unter freiem Himmel ist Teil vieler großer Abenteuergeschichten. Kein Wunder, dass es auch eines der wirkungsvollsten Alltagsabenteuer ist, bei gleichzeitig geringem Aufwand. Pack einfach nach Feierabend deine Sachen und fahre hinaus. Am nächsten Morgen um acht Uhr kannst du bereits wieder im Büro sitzen – ausgeruht, inspiriert und mit neuem Frischluftschwung.

Außer einer Isomatte oder einer Hängematte, einem Schlafsack und etwas Wasser brauchst du eigentlich nichts für deine Nacht im »Himmelbett«. Wer in der Natur frühstücken möchte, kann sich einen kleinen Gaskocher und eine Espressokanne mitnehmen. Packe alles auf dein Fahrrad und radle direkt nach der Arbeit los. So hast du noch lange genug Licht, um dir einen passenden Schlafplatz zu suchen.

Wild-Campen ist in Deutschland verboten. Das Schlafen unter freiem Himmel gilt allerdings nicht als Camping und fällt daher nicht unter dieses Verbot. Trotzdem sollte man bei der Wahl seines Schlafplatzes einige Dinge beachten, denn jedes Bundesland hat seine eigenen Regeln. In Nationalparks und Naturschutzgebieten ist das Übernachten meist generell verboten. Auf der sicheren Seite bist du in jedem Fall, wenn du dir vorher die Erlaubnis des Grundbesitzers einholst.

Offizielle Grillplätze für Wanderer bieten den Vorteil, dass du dort Feuer machen darfst. Unter der Woche bist du hier abends meistens ungestört. Auch am Ufer eines Flusses oder Sees findest du schöne Plätze zum Biwakieren. Wer im Wald seine Hängematte aufspannen möchte, sollte sich vorher vergewissern, nachts nicht vom Jäger mit einem Reh oder Wildschwein verwechselt zu werden. Auch eine Übernachtung im Baumhaus oder Iglu ist spannend! In jedem Fall gilt: Mach bitte keinen Lärm und verlasse deinen Lagerplatz so, wie du ihn vorgefunden hast.

Tipp Wenn dir eine Übernachtung in der freien Natur zu aufregend oder zu unbequem ist, kannst du auch einfach eine Matratze auf deinen Balkon oder in den Garten legen.

72 VHS-Bingo

Lerne etwas Neues

Arabisch für Anfänger, plastikfreier Frühjahrsputz, Messer schmieden, brasilianischer Samba oder der Ramadan im Islam: Die Angebote der Volkshochschulen sind unglaublich vielfältig. Leben ist Lernen – heißt es so schön. Aber wann hast du das letzte Mal wirklich etwas Neues gelernt? Es gibt wenig, was unser Leben interessanter macht, als unbekanntes Wissen zu erwerben und neue Fähigkeiten zu erlernen. Dir fällt partout nichts ein, was du gern lernen würdest? Dagegen hilft eine Runde VHS-Bingo!

Blättere oder klicke das aktuelle Programm deiner Volkshochschule durch und schreibe zehn Kurse heraus, die dir interessant erscheinen. Schließe die Augen und tippe blind auf eine deiner Notizen. Und dann sofort anmelden! Hast du einen Print-Katalog, kannst du natürlich auch direkt blind aus dem Katalog auswählen. Gönne dir in dem Fall drei Versuche, von denen du anschließend einen auswählst. Im Online-Angebot kannst du als Auswahlstrategie auch einfach deine Katze über die Tastatur laufen lassen oder selbst eine beliebige Buchstabenkombination ins Suchfeld eingeben und unter den Suchergebnissen auswählen. So kann dir die Suche nach »gi« einen Kurs in Archäologie, Gitarre oder Digitalisierung einbringen. Oder du wählst einen Termin aus, der gut in deinen Zeitplan passt, und siehst nach, welche Kurse beispielsweise dienstagabends angeboten werden.

Ebenso bereichernd ist es, Wissen weiterzugeben. Vielleicht bringst du einer Freundin das Brotbacken bei? Engagierst dich in der Hausaufgabenhilfe? Oder du bietest gar einen eigenen VHS-Kurs an? Auch das Lernen kannst du natürlich im privaten Bereich halten, wenn dir das mehr liegt. Ältere Generationen freuen sich oft sehr, wenn du um »Nachhilfe« beim Häkeln, Reparieren oder Gärtnern bittest. So lernst du nicht nur etwas Neues, sondern erhältst altes Wissen, das beispielsweise beim Thema Nachhaltigkeit heute aktueller denn je ist.

Tipp Ist die nächste Volkshochschule zu weit weg, kannst du auch einen Onlinekurs buchen. Seit der Coronapandemie haben die meisten Bildungseinrichtungen ihr digitales Angebot enorm ausgeweitet.

73 Vollbier gegen Vorurteile

Erkunde die Eckkneipen deiner Stadt

Warst du schon mal im Hafeneck, in der »Alten Liebe« oder »Bei Herta's«? Wahrscheinlich heißen die Bierstuben und Eckkneipen in deiner Stadt anders, aber es gibt sie überall. Du hast keine Ahnung, wer da eigentlich hingeht. Aber irgendwie ist das auf jeden Fall »unter deinem Niveau«. Der Duden definiert ein Vorurteil als »ohne Prüfung der objektiven Tatsachen voreilig gefasste oder übernommene, meist von feindseligen Gefühlen gegen jemanden oder etwas geprägte Meinung«. Du weißt, worauf ich hinauswill.

Obwohl wir meistens kaum jemanden aus dem entsprechenden Milieu kennen, haben wir oft Vorurteile gegenüber Menschen aus anderen sozialen Umfeldern. Ein Kneipenabend in den Ecklokalen deiner Stadt kann das ändern. Geh einfach hin, allein oder mit Freunden, setz dich an die Bar und bestelle ein Getränk. Versuch, mit dem Wirt oder anderen Gästen ins Gespräch zu kommen. Interessiere dich für sie und ihre Geschichte. Wie lange gibt es die Kneipe eigentlich schon? Wer war der Vorbesitzer? Die Stammgäste wissen oft vieles über ihr Lokal und über die Geschichte des Viertels. Als Eisbrecher kannst du ein Getränk spendieren. Gibt es einen Tischkicker, eine Dartscheibe oder einen Billardtisch, frag andere Gäste nach einem gemeinsamen Spiel. Auch so kommst du leichter ins Gespräch. Vielleicht steht im Keller sogar noch eine alte Kegelbahn?

Die Kunst im Umgang mit den eigenen Vorurteilen liegt darin, zuzuhören und zu beobachten, ohne zu bewerten. Stecke nicht alles, was du hörst und siehst, sofort in eine Schublade. Wahrscheinlich wirst du nicht überall freundlich empfangen. Die Stammgäste der Eckkneipe haben vielleicht auch Vorurteile gegenüber dir, dem fremden Besucher. Es wäre auch seltsam, wenn nicht. Lass dich nicht entmutigen, wenn es im ersten Lokal nicht klappt. Zieh einfach weiter, schließlich gibt es mehr als nur eine Kneipe in deiner Stadt.

Tipp Du kannst dasselbe auch mal in einer Luxus-Bar oder einem Nobel-Restaurant versuchen. Vielleicht wirst du erstaunt darüber sein, wie viele Parallelen die Geschichten aufweisen, die du hörst.

74 Your Small Big Five

Was macht dein Leben besonders?

Bestimmt hast du schon einmal von den Big Five gehört: Elefant, Nashorn, Büffel, Löwe und Leopard gelten als die fünf großen, beeindruckenden Wildtiere Afrikas und waren einst besonders beliebte Jagdziele von Großwildjägern. Als Small Five werden dagegen die fünf bedeutsamsten Tiere im Weltnaturerbe Wattenmeer bezeichnet: Wattwurm, Herzmuschel, Strandkrabbe, Wattschnecke und Nordseegarnele. Welche sind deine wichtigsten fünf? Zieh los und fotografiere sie!

Deine persönlichen fünf müssen natürlich keine Tiere sein. Es kann sich genauso gut um Gebäude, Pflanzen, Orte, Schilder, Cafés, Möbel oder Bücher handeln. Bei diesem Alltagsabenteuer geht es darum, dir darüber bewusst zu werden, welche Dinge dein Leben besonders machen. Fotografiere fünf Plätze in deiner Umgebung, an denen du dich sehr wohlfühlst. Es tut gut, herauszufinden, welche Orte deine Heimat für dich ausmachen. Fotografiere deine fünf liebsten Kleidungsstücke. Vielleicht stellst du dabei fest, dass du dich von einigen anderen trennen kannst? Fotografiere deine fünf Lieblingsbücher. Möchtest du eins davon noch einmal lesen? Es weiterverschenken oder einer Freundin ausleihen, um deine Freude an diesem Buch zu teilen? Fotografiere deine fünf Lieblingsgerichte. Schicke die Fotos einem Freund und lass ihn aussuchen, zu welchem dieser Essen du ihn am Wochenende einladen darfst. Fotografiere deine fünf Lieblingscafés. Und wenn du ohnehin schon dort bist, setz dich einfach hinein und trinke völlig grundlos ein leckeres Feierabendgetränk.

Genieße die besonderen Dinge in deinem Leben bewusster. Freue dich jedes Mal darüber, wenn du sie siehst. Mache dir in allen Lebensbereichen bewusst, welches deine Favorite Five sind, und teile die Freude darüber mit anderen. Diese Freude und vielleicht auch die Dankbarkeit dafür, diese Schätze in deinem Leben zu haben, tragen aktiv zu deinem Lebensglück bei.

Tipp Frag auch mal deine Freunde nach ihren Favorite Five. Vielleicht lernst du so Neues in deiner Umgebung kennen und schätzen?

Do-it-yourself-Abenteuer

Wir sehen faszinierende Dinge und bewundern sie. Wir hören spannende Geschichten, und sie ziehen uns in ihren Bann. Beides kann aber nicht den Reiz des Selbermachens ersetzen. Hast du Lust, dir einen eigenen Barfußpfad zu bauen? Oder wolltest du schon immer mal als Statist in einem Film mitspielen? Vielleicht baust du dir sogar Schneeschuhe und gehst damit auf Tour? Egal, wofür du dich entscheidest: Das Gefühl, etwas selbst geschaffen zu haben, wird dich mit einer tiefen Zufriedenheit erfüllen.

Dabei musst du dich nicht strikt an Anleitungen halten oder Normen erfüllen. Jeder setzt seine Do-it-yourself-Projekte anders um. Und jeder Mensch nimmt das Erlebnis unterschiedlich wahr. Baue dir deinen ganz persönlichen Hängegarten mit deinen Lieblingskräutern für Küche oder Balkon. Entdecke die Faszination von Bausteinen wieder, indem du dir aus Lego praktische Helfer für dein Zuhause bastelst. Oder gestalte ein ganz individuelles Escape-Room-Spiel für Freunde in deinem Wohnzimmer.

Bereits der Entschluss, etwas selbst zu machen, schenkt dir neues Selbstvertrauen. Es ist zu 100 Prozent deine Erfahrung. Und die Freude daran hast du dir verdient!

75 Abenteuer Marktstand

Entdecke dein Verkaufstalent

Gehst du gern auf den Wochenmarkt, auf Kunsthandwerkermärkte oder Flohmärkte? Schon immer waren Märkte Treffpunkte für Menschen. Man hat eingekauft, Neuigkeiten bewundert, alte Bekannte wiedergesehen, sich ausgetauscht und gemeinsam etwas gegessen. Dieses Flair haben viele Märkte auch heute noch. Ein ganz besonderes Erlebnis ist es, einmal hinter einem Stand zu stehen.

Überlege dir, was du auf einem Markt anbieten könntest. Selbst gestaltete Karten, Christbaumschmuck oder Holzdekorationen verkaufst du auf dem Weihnachtsmarkt vor Ort. Für Gebrauchtes und Secondhandmode bietet sich ein Flohmarkt an. Selbst gestrickte Socken oder traditionell hergestellten Honig kannst du vielleicht auf einem Mittelaltermarkt verkaufen. Achte beim Verkauf von Lebensmitteln auf die geltenden Hygienevorschriften. Am einfachsten bewirbst du dich bei einem Markt, wo die Stände gestellt werden. Wenn du allein keinen ganzen Stand mieten möchtest, tu dich mit einigen Freunden zusammen. Vor allem auf kleineren örtlichen Basaren sind die Standgebühren gering. Gestaltet euren Stand übersichtlich und attraktiv. Vergesst die Preisschilder nicht. Beim Alltagsabenteuer Marktstand geht es nicht darum, möglichst viel Geld zu verdienen, sondern um das Verkaufserlebnis. Vielen fällt es leichter, erst mal nicht für den eigenen Profit zu verkaufen, sondern den Gewinn des Markttages an eine gemeinnützige Organisation zu spenden. Das ist übrigens auch ein super Verkaufsargument bei den Kunden.

Sprich Kunden und Passanten an. Teile mit ihnen die Begeisterung für deine Produkte oder für das gemeinsam unterstützte Projekt. Jedes verkaufte Produkt ist ein Erfolg. Und natürlich kannst du zwischendurch auch selbst über den Markt schlendern, die Atmosphäre genießen und shoppen gehen. Achte dabei auf die Verkaufstaktik der »alten Markthasen«. Von ihnen kannst du bestimmt noch etwas lernen.

Tipp Das A und O für einen erfolgreichen Markttag sind bequeme Schuhe und ausreichend Wechselgeld. Für umweltfreundliches Verpacken kannst du vorher gebrauchte Tüten und Tragetaschen sammeln.

76 Apfelsaft einkochen

Alte Kulturtechnik neu beleben

Wo unsere Lebensmittel herkommen und was wirklich drin ist, wissen wir am besten, wenn wir sie selbst herstellen. Eigenhändig geerntete und verarbeitete Lebensmittel erscheinen uns wertvoll, und wir genießen sie viel bewusster. Aber warum eigentlich immer nur Selbstgemachtes essen? Heute füllen wir den Keller mit selbst gemachten Getränken!

Vielleicht hat deine Oma noch selbst Saft gemacht? Einkochen gehört leider zu den Kulturtechniken, die mit jeder Generation weiter aus unserer Gesellschaft verschwinden. Mit diesem Alltagsabenteuer kannst du sie wiederbeleben und das Selbstgemachte dem Massenprodukt entgegenstellen. Dafür brauchst du zunächst reifes Obst. Gut geeignet sind zum Beispiel Äpfel von Streuobstwiesen, aber auch fast alle anderen heimischen Früchte. Vielleicht kennst du sogar jemanden, der froh über Erntehelfer ist?

Einkochen geht zum Glück auch ohne Dampfentsafter oder Obstpresse. Wasche das Obst gründlich, schneide faulige oder wurmstichige Stellen heraus und entkerne es. Dann reibst du die Früchte samt Schale mit einer Reibe oder der Küchenmaschine in einen großen Topf. Je Kilo Früchte gibst du einen halben Liter Wasser dazu und kochst die Masse kurz auf. Stelle ein Sieb in einen zweiten Topf und lege es mit einem sauberen Geschirrtuch aus. Jetzt schüttest du die Masse in das Sieb und wringst sie, wenn sie etwas abgekühlt ist, mit dem Geschirrtuch aus, um möglichst viel Flüssigkeit im Topf zu sammeln. Den so gewonnenen Saft musst du nun langsam auf 80 Grad erhitzen. Um wertvolle Inhaltsstoffe zu erhalten, sollte der Saft nicht kochen. Er hat die richtige Temperatur erreicht, wenn sich auf der Oberfläche leichter Schaum bildet. Jetzt kannst du ihn in vorher ausgekochte Glasflaschen mit Schraubverschluss abfüllen. Achte darauf, auch die Deckel abzukochen und die Flaschen sofort nach dem Einfüllen zu verschließen.

Tipp Kühl gelagert hält sich der selbst eingekochte Saft ohne Konservierungsstoffe bis zur nächsten Erntesaison. Leider ist er meist schon viel früher leer getrunken.

77 Barfußpfad bauen

Fünf-Minuten-Wellness für zu Hause

Nicht jeder hat morgens Zeit für eine Runde Frühsport oder ist abends motiviert für eine entspannende Yogasession. Trotzdem wünschen wir uns die Effekte. Morgens fit in den Tag starten und abends entspannt und mit warmen Füßen ins Bett. Beides liefert dir dieses DIY-Alltagsabenteuer: Das Laufen auf einem Barfußpfad regt das Herz-Kreislauf-System an, fördert die Durchblutung, stärkt Füße und Rückenmuskulatur, beugt Krampfadern vor und vieles mehr.

Dein Barfußweg sollte dort sein, wo du ihn jeden Tag nutzen kannst. Baue ihn im Garten, auf dem Balkon oder sogar in deiner Wohnung. Hast du diese Möglichkeiten nicht, kannst du ihn natürlich auch irgendwo im Wald oder auf der Wiese gestalten. Zuerst benötigst du die passenden Materialien. Mit einem Fahrradkorb oder einem Bollerwagen ausgestattet, kannst du Tannenzapfen, Kastanien, Eicheln, Steine, Erde, kleine Stöcke oder einen breiteren Balancierstamm im Wald sammeln. Sand oder Muscheln bringst du vom nächsten Strandurlaub mit. Rindenmulch, Sägespäne oder Kies gibt es bei örtlichen Handwerksbetrieben. Natürlich brauchst du nicht alle diese Materialien, eine Auswahl von fünf oder sechs verschiedenen Untergründen ist ausreichend.

Im Garten kannst du die einzelnen Untergründe einfach hintereinander auf der Wiese auslegen. Wenn du möchtest, kannst du jedes »Feld« mit Stöcken oder Steinen umrahmen. Neben den gesammelten Materialien ist eine flache Wasserschale eine tolle Ergänzung für deinen Barfußpfad. Auf dem Balkon oder in der Wohnung musst du etwas strukturierter vorgehen. Am einfachsten ist es, wenn du die Materialien in flache (Holz-)Kisten legst und diese hintereinander aufstellst. Du kannst sie mit Brettern aus dem Baumarkt leicht selbst zusammenbauen, oder du nutzt alte Schubladen vom Sperrmüll. Der Vorteil: Ist der Pfad nicht im Einsatz, kannst du die Kisten aufeinanderstapeln und platzsparend aufbewahren.

Tipp Der Kneipp-Effekt, der beim Laufen auf kalten Steinen oder durch kaltes Wasser eintritt, kurbelt die Wärmebildung im ganzen Körper an und hilft gegen Erkältungskrankheiten.

78 Bau, Satz und Sieg

DIY-Projekt für Vorsichtige

Kreativität und Spontaneität sind nicht deine größten Stärken? Wenn du eine alte Holzkiste siehst, fallen dir keine drei tollen Upcycling-Ideen dazu ein? Du bist eher der Typ, der sich beim Lego- oder Märklin-Bauen als Kind immer exakt an die Anleitung gehalten hat? Trotzdem solltest du dir das Ich-habe-es-geschafft-Hochgefühl nach einem erfolgreich umgesetzten Do-it-yourself-Projekt nicht entgehen lassen. Das Glück, etwas mit eigenen Händen zu erschaffen, lässt sich nicht so leicht ersetzen. Mache es dir leicht und entscheide dich für ein DIY-Alltagsabenteuer mit Anleitung und Bausatz!

Das Tolle an Bausätzen ist, dass wir damit – auch mit überschaubarem handwerklichen Geschick – fast alles erschaffen können. Brauchst du eine neue Lampe in deiner Wohnung? Oder hast du Lust, mit deinen Kindern oder Freunden eine richtig coole Seifenkiste zu bauen? Mit einem Retroradio-Bausatz kannst du dir Grundwissen über Elektronik aneignen. Deiner Phantasie sind keine Grenzen gesetzt: Technik-Bausätze für Kameras, Gewitterwarner oder Roboterarme sind ebenso erhältlich wie Holz-Sets zum Bau einer Gartenliege, eines Klebefilm-Abrollers oder eines Hochbeets. Wichtig ist, dass du dir etwas aussuchst, was du anschließend wirklich benutzen möchtest. Der Stolz auf die eigene Leistung stärkt bei jeder Nutzung dein Selbstwertgefühl.

Und wer weiß, vielleicht entsteht die Kreativität beim Bauen? Möglicherweise fallen dir beim Werkeln noch mehr Dinge ein, die du selbst machen könntest? Wenn du dein nächstes Projekt – vielleicht mit einer guten Anleitung aus dem Internet, aber ohne Bausatz – nicht allein angehen möchtest, dann bitte doch einen Freund oder deine Partnerin um Unterstützung. Zusammen macht das Selbstbauen mindestens genauso viel Spaß wie allein. Und oft ist es hilfreich, ein Projekt aus zwei verschiedenen Blickwinkeln zu betrachten.

Tipp Für absolute Einsteiger sind Bausätze für Kinder und Jugendliche gut geeignet. Ein Vogelhäuschen ist das perfekte Projekt für DIY-Neulinge.

79 Das Beste bleibt

Filmreife Erinnerungsstücke schaffen

Wir leben, um Erinnerungen zu sammeln. Wir alle haben unzählige Fotos, Videoclips und Playlists auf Laptops, Smartphones, Festplatten und in der Cloud gespeichert. Das ist toll, denn bleibende Erinnerungen gehören zu den Dingen, die das Leben ausmachen. Nur leider sind es viel zu viele, sie sind unsortiert, und ihre Hauptfunktion besteht in der Belegung von immer mehr Speicherplatz. Jetzt ist die beste Zeit, daraus wertvolle Erinnerungsstücke zu schaffen!

Einen Erinnerungsfilm zusammenzuschneiden ist technisch einfacher, als du denkst. Der erste Schritt auf den Datenberg ist immer der schwerste. Wähle deshalb zur Erstellung deines Clips am besten einen Anlass aus. Während der Feiertage kommt ein Familienvideo bestimmt gut an, deine Partnerin freut sich über die schönsten Erinnerungen aus eurem letzten Urlaub, und die Gäste beim 40. Geburtstag deines besten Freundes wären begeistert über ein kurzes Partyvideo aus euren Studententagen. So hast du auch gleich eine Deadline für dein Projekt.

Suche die besten Fotos und Filmsequenzen vom jeweiligen Ereignis zusammen. Beschränke dich auf die allerschönsten oder witzigsten Bilder und Clips. Weniger ist hier (viiiiiiel) mehr. Es gibt jede Menge, auch kostenlose, Software und Apps für die Erstellung eigener Videos. Wähle ein möglichst einfaches Tool. Soll dein Clip mit Musik hinterlegt werden, suche zuerst ein GEMA-freies Lied aus. Versuche, den Bildwechsel an den Rhythmus des Songs anzupassen. Du kannst ihn in deinem Schnittprogramm gut an den Kurven der Tonspur erkennen. Kurze Schnitte und schnelle Perspektivwechsel machen dein Video kurzweilig. Damit dein Erinnerungsfilm authentisch wirkt, dürfen die Hintergrundgeräusche nicht fehlen. Du kannst dazu entweder zeitweise den Originalton einblenden oder dir kurze Soundeffekte wie Meeresrauschen, Lachen oder Gläserklirren herunterladen.

Tipp Wer sich nicht lange mit technischen Details aufhalten will, kann auch eine App verwenden, die automatisch kurze Filme aus einer vorgegebenen Anzahl von Fotos und Videoclips erstellt.

80 DIY-Schneeschuhe

Auf Ötzis Spuren

Wenn es draußen kalt ist, brennt die Abenteuerlust auf kleiner Flamme. Dabei sind frische Luft und Bewegung jetzt besonders wichtig. Wage etwas Außergewöhnliches und baue dir eigene Schneeschuhe! Damit bewegst du dich mühelos über verschneite Wiesen und kannst unberührte Winterlandschaften erobern. Siehst du deine eigene Spur im Schnee, weißt du, dass sich die Mühe gelohnt hat.

Einfache Schneeschuhe kannst du aus Hasel- oder Weidenruten und einer alten Wäscheleine anfertigen. Außerdem brauchst du Schnur, ein Taschenmesser und Wanderschuhe. Schneide dir zwei stabile Ruten von ungefähr 120 Zentimetern ab, entferne kleine Äste und lege sie über Nacht ins Wasser. Anschließend biegst du für jeden Schuh eine Rute so, dass sie die Form eines Tropfens bildet. Die Enden sollten einige Zentimeter überstehen. Am Kreuzungspunkt knotest du sie fest zusammen. Damit das Holz nicht aus dem Knoten herausrutscht, kerbst du die Oberfläche vorher mit dem Taschenmesser ein. Anschließend webst du jeweils mit der Hälfte der Wäscheleine ein festes, engmaschiges Netz in jeden Rahmen. Auch hier kerbst du das Holz überall dort ein, wo die Wäscheleine leicht verrutschen könnte. Für mehr Stabilität kannst du zusätzlich aus kurzen stabilen Stöcken zwei Querstreben über jeden Schneeschuh legen und festknoten.

Bindungen baust du dir aus alten Gürteln, Gurtbändern oder Fahrradschläuchen. Stelle dazu deinen Fuß im Wanderstiefel auf den Schneeschuh. Die Ferse zeigt zu den Enden der Weidenruten. Die Mitte des Bandes hältst du knapp über der Ferse an deine Achillessehne. Dann führst du die Seiten des Bandes rechts und links um deinen Fußknöchel und überkreuzt sie vorn. Anschließend führst du beide Enden unter dem Schneeschuh hindurch, auf der anderen Seite wieder hinauf und schließt oder verknotest sie oben auf dem Spann. Mit einem Paar (Ski-)Stecken kannst du nun zu deiner ersten Schneeschuhtour aufbrechen!

Tipp Hast du keine Weiden- oder Haselruten zur Hand, kannst du als Rahmen für deine Schneeschuhe auch alte Tennisschläger oder zurechtgebogene Fahrradfelgen nutzen, aus denen du die Speichen entfernt hast.

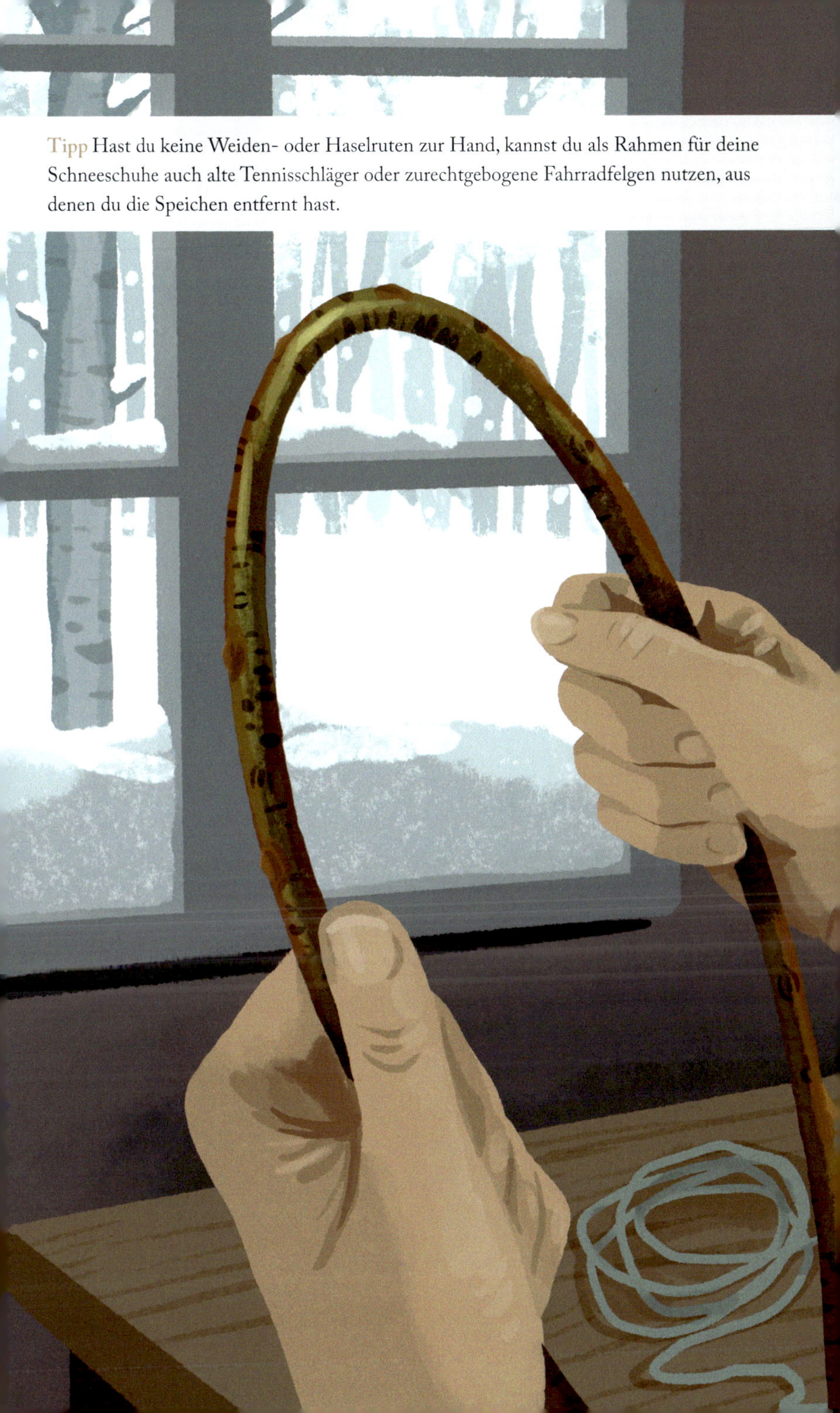

81 Ein Tag in Hollywood

Filmluft schnuppern als Statist

Irgendwie fasziniert sie uns doch alle: die Welt des Films. Doch was passiert eigentlich hinter den Kulissen? Wie sieht die ungeschminkte Realität aus? Was ist echt, und was wird heutzutage digital dazugedichtet? Gehe dem Geheimnis auf den Grund und bewirb dich als Statist bei einem Filmdreh.

Eine »Rolle« in einem Film zu bekommen ist oft nicht so schwierig, wie du es dir vielleicht vorstellst. Irgendwer muss sie schließlich spielen, all die Gäste im Biergarten, die Passanten in der Fußgängerzone oder die Zuschauer in der Oper, die in vielen Filmen auftauchen. Auch für Historienfilme mit Massenszenen werden oft Komparsen gesucht. Im Internet gibt es Portale, auf denen hauptsächlich Statistenrollen vergeben werden. Dort werden auch oft kleine Rollen für Werbespots oder Musikvideos angeboten, zum Beispiel eine Oma, die Rollschuh laufen kann, oder ein Mann mit Hund. Viele kleine Filmproduktionen greifen vermehrt auf Komparsen zurück. Meist erhältst du für deine Teilnahme eine kleine Aufwandsentschädigung. Vor allem aber hast du die Chance, einmal in die Welt hinter den Kameras und Mikrofonen zu blicken. Dieser Realitätscheck ist unglaublich spannend. Wie viele Versuche braucht es, bis eine Szene endlich im Kasten ist? Mit welchen Widrigkeiten muss die Filmcrew sich auseinandersetzen? Wie geben sich die Stars und Regisseure am Set?

Du wirst anschließend nicht nur Filme mit anderen Augen sehen. Deine Erkenntnisse kannst du auch auf andere Lebensbereiche anwenden. Vielleicht sind sie gar nicht so beneidenswert, all die Personen mit ihren perfekten Instagramfotos? Dieses Alltagsabenteuer macht dir bewusst, dass der Unterschied zwischen Schein und Sein oft viel größer ist, als wir meinen. In deinem Leben kommt es vor allem darauf an, was du tust und was du erlebst, nicht, wie dein Leben auf andere wirkt. Und hey, du warst beim Film – wenn das kein Erlebnis war!

Tipp Wenn du selbst nicht vor die Kamera möchtest, kannst du auch deine Wohnung als Drehort anbieten. Der Tatort und andere Produktionen suchen oft Privatwohnungen als Kulissen.

82 Exit the Wohnzimmer

Organisiere dein eigenes Escape Game

Warst du schon einmal in einem sogenannten Escape Room? Dort wirst du mit einer kleinen Gruppe von Mitspielern in einem Raum eingeschlossen. Gemeinsam habt ihr 60 Minuten Zeit, um Rätsel zu lösen, geheime Verstecke und Schlüssel zu finden und am Ende die Tür zu öffnen. Das ist aufregend, macht Spaß und kostet leider ganz schön viel Geld. Genauso spannend ist es allerdings, auf der anderen Seite der Tür zu stehen: Lade Freunde zu einem selbst gemachten Befreiungsabenteuer zu dir nach Hause ein!

Um aus deinem Wohnzimmer einen Escape Room zu machen, bedarf es einiger Vorbereitung. Du musst Rätsel, Hinweise und verschlossene Dinge platzieren. Die Mitspieler müssen diese Hinweise finden, Rätsel lösen und Schlösser öffnen. Die Entschlüsselung jeder Botschaft führt zu einem weiteren Hinweis, bis am Ende der Schlüssel zur Wohnzimmertür gefunden wird. Je nach Schwierigkeit sollte dein Exit Game aus fünf bis zehn Aufgaben bestehen.

Da die Lösung der Rätselkette nur von vorn funktioniert, bietet es sich an, ein sogenanntes Starträtsel auffällig auf dem Tisch zu platzieren. Dies kann ein Zahlenrätsel sein, das die Kombination eines Zahlenschlosses zur Lösung hat. Mit diesem Schloss könnte eine Kiste verschlossen sein, in welcher die Spieler den nächsten Hinweis oder Schlüssel finden. Möglich ist auch, mit einem Fahrradschloss einen Gegenstand an einem Heizungsrohr oder Ähnlichem festzuketten, welcher für die Lösung des nächsten Rätsels gebraucht wird. Lass deiner Phantasie bei der Gestaltung der Rätsel freien Lauf: Botschaften, die nur bei Schwarzlicht entdeckt werden, und eine entsprechende UV-Lampe, zerschnittene Hinweise, deren Puzzleteile gefunden werden müssen, Buchstabenrätsel oder Morse- und andere Verschlüsselungscodes.

Lass deine Freunde ins Wohnzimmer, schließe die Tür ab, und die Zeit läuft! Schaffen sie es rechtzeitig, den Escape Room zu verlassen?

Tipp Auch wenn du natürlich vor Ort bist und notfalls Hilfestellungen zum Spielablauf geben kannst, halte dich mit Tipps zurück. Deine Freunde dürfen sich auch einmal etwas länger die Köpfe über den Sinn eines Rätsels zerbrechen – umso toller ist es, wenn sie selbst auf die Lösung kommen!

83 Floßfahrt

Schwimmendes Upcycling-Projekt

Sich selbst ein Fahrzeug zu bauen – Floß oder Seifenkiste –, das nachher wirklich fährt, ist für viele seit Kindheitstagen ein unerfüllter Traum. Egal, wann wir uns solche alten Wünsche erfüllen: den Spaß ist es mit Sicherheit noch immer wert, ganz abgesehen vom Gefühl der Selbstwirksamkeit, das bei einem erfolgreichen DIY-Abenteuer entsteht. Also an die Bretter, fertig, los!

Für ein klassisches Floß aus Baumstämmen brauchst du unheimlich viel Holz. Darüber hinaus muss es relativ groß sein, um genügend Auftrieb für eine oder mehrere Personen zu bieten. Versuche es stattdessen einmal mit Upcycling:

Isomattenfloß (aus alter Isomatte, stabiler Schnur, vier Stöcken, die etwas länger sind als die Matte, acht Stöcken, die etwas länger sind als die Mattenbreite): Lege zwei lange Stöcke so auf den Boden, dass die Matte dazwischenpassen würde. Nun legst du vier kurze Hölzer in regelmäßigen Abständen quer über die langen, sodass eine Art Leiter entsteht. Verknote alle acht Kreuzungspunkte stabil mit der Schnur. Lege die Isomatte darüber. Darauf baust du eine zweite Leiter nach demselben Muster. Zum Schluss schnürst du beide Leitern an allen acht Kreuzungspunkten so zusammen, dass die Isomatte fest dazwischenklemmt.

Flaschenfloß (aus alter Palette, mindestens 60 leeren Plastikflaschen mit Schraubverschluss, Nägeln): Schraube die Flaschen auf und nagle die Schraubverschlüsse von unten an den Palettenboden. Achte darauf, die Abstände zwischen den einzelnen Flaschendeckeln so groß zu lassen, dass du anschließend die Flaschen wieder hineinschrauben kannst. Je mehr Flaschen, desto größer der Auftrieb.

Autoreifenfloß (aus mindestens zwei alten Autoreifenschläuchen, stabiler Schnur, einer Palette oder einigen zusammengeschraubten Brettern): Die Schläuche pumpst du an der Tankstelle auf und bindest sie an der Unterseite der Palette fest.

Tipp Auch Paddel für dein DIY-Floß kannst du dir aus Holzresten leicht selbst zusammenbauen. Für besseren Grip beim Rudern umwickelst du den Stiel an den Greifpositionen mit stabiler Schnur.

84 Hängegarten

Vertikales Grün für Küche und Balkon

Träumst du von eigenen Kräutern und frischem Salat in der Küche? Säen und Ernten erfüllen ein menschliches Urbedürfnis, das aus unserem urbanen Alltag verdrängt wurde. Ein Hängegarten ist die perfekte Lösung, um mit wenig Platz Blumen, Küchenkräuter oder Blattgemüse anzupflanzen!

Paletten-Garten: Du brauchst eine alte Holzpalette, schmale Bretter oder Holzreste und Nägel. Außerdem natürlich Erde, Samen oder Setzlinge und passende Blumentöpfe. Die meisten Paletten haben oben und unten Querlatten, die durch kleine Holzblöcke verbunden sind. Nagle auf einer Seite die Lücke zwischen den Querlatten mit schmalen Brettern oder Holzresten zu. Es ist nicht wichtig, dass dabei ein kompletter »Kasten« entsteht. Es braucht lediglich so viel Material, dass später die Blumentöpfe nicht hindurchfallen können. Wiederhole das bei allen Querlatten auf derselben Seite (normalerweise drei bis fünf je Palette). Jetzt kannst du die Palette so aufstellen, dass deine »Kästen« nach oben hin offen sind. Hänge sie auf oder befestige sie mit einem Winkel an der Wand. Stelle die bepflanzten Blumentöpfe hinein und gieße sie an. Keine Sorge, die engen Abstände stören die Pflanzen nicht. Sie wachsen einfach aus den Lücken heraus nach vorn.

Stoff-Garten: Wenn du lieber nähst als schreinerst, kannst du dir aus stabilem Stoff auch ein Hängeutensilo mit mehreren Fächern nähen. Die Blumentöpfe stellst du in die Fächer. Auch hier hindert die Schräglage die Pflanzen nicht am Wachstum.

Flaschen-Garten: Per Upcycling wird aus alten Plastikflaschen, Draht und Schnur ein Hängegarten. Schneide dazu in eine Flaschenseite mit dem Cutter ein rechteckiges Loch von circa fünf mal zwölf Zentimetern, durch welches du später die Erde einfüllst. Wickle vor und hinter dem Loch jeweils eine Drahtschlaufe um die Flasche, an der du sie aufhängen kannst. Mit Schnur kannst du so mehrere Flaschen übereinanderhängen und bepflanzen.

Tipp Hängt dein Garten draußen, empfiehlt es sich, die Blumentöpfe mit Drainage-Öffnungen zu versehen, sodass überflüssiges Wasser abfließen kann.

85 Insektenhotel

Ein nachhaltiges DIY-Alltagsabenteuer

Frisches Obst, sauberes Trinkwasser, Kleidung aus Baumwolle – für all diese menschlichen Grundbedürfnisse (und noch viele weitere) sind Insekten unabdingbar. Leider schränken wir ihre Nist- und Nahrungsgrundlagen immer weiter ein. Mit diesem DIY-Alltagsabenteuer kannst du einen kleinen Ausgleich schaffen, indem du Wildbienen und anderen Insekten ein Zuhause gibst. Gleichzeitig erfüllt das Bauen mit den eigenen Händen ein Urbedürfnis in uns, das für eine große innere Zufriedenheit sorgt.

Insektenhotels werden vorzugsweise von solitär lebenden Wildbienen- und Wespenarten bewohnt, also solchen, die nicht in großen Völkern ganze Bienenstöcke bewohnen. Du musst dir also keine Sorgen machen, dass dir deine selbstgebaute Nisthilfe eine Bienen- oder Wespenplage beschert. Für den Bau eignen sich Holz, Bambus oder Strangfalzziegel. Wichtig ist, dass das Material luftfeuchtigkeitsdurchlässig ist. In Nisthilfen aus Glas oder Plexiglas können sich Pilze bilden, die die Brut zerstören.

Möchtest du ein Insektenhotel aus Holz bauen, eignet sich unbehandeltes, abgelagertes Hartholz (Esche, Buche, Eiche) am besten. Frisches und weiches Holz wird vom Anbohren leicht rissig und dann von Bienen gemieden. Wenn du nicht in der Natur an Holz kommst, gibt es Buchenholz oft auch als Brennholz zu kaufen. Mit einem Bohrer bohrst du mehrere Löcher mit einem Durchmesser von drei bis acht Millimetern ins Längsholz. Das bedeutet, du bohrst von der Seite in den Stamm, nicht von der Schnittfläche aus, wo die Jahresringe zu sehen sind. Die Löcher sollten mindestens sechs Zentimeter tief sein, aber hinten geschlossen bleiben. Bewege den Bohrer so lange hin und her, bis die Löcher innen möglichst glatt sind. Lass zwischen den einzelnen Löchern circa zwei Zentimeter Abstand. Nun musst du deine Nisthilfe nur noch an einem sonnigen regen- und windgeschützten Platz befestigen.

Tipp Hast du einen guten Standort gefunden, belasse das Insektenhotel dort das ganze Jahr über. Trotz des Namens »Hotel« wohnen die Tiere dort oft über mehrere Monate, auch in der kalten Jahreszeit.

86 Kunterbunte Lichterkette

Sieht gut aus und fühlt sich gut an

Ob Gemütlichkeit für die Sofaecke, indirekte Beleuchtung fürs Bücherregal oder Schummerlicht für ein Feierabendgetränk auf dem Balkon: Eine Lichterkette ist dekorativ, nützlich und ganz leicht selbst zu gestalten! Jedes Mal, wenn du sie anschaltest, freust du dich über dein gelungenes Projekt. So versorgt dich dieses DIY-Alltagsabenteuer nicht nur mit Licht, es bestärkt auch immer wieder aufs Neue den Stolz auf dein eigenes Werk. Als Grundausrüstung benötigst du eine Lichterkette mit kleinen LED-Lämpchen.

Kugelkette: Blase so viele Wasserbomben oder kleine Luftballons auf, wie deine Kette Lämpchen hat. Dann umwickelst du die Ballons mit in Kleister getauchter bunter Schnur. Nach dem Trocknen zerstichst du die Luftballons und befestigst die bunten Kugeln an den Lämpchen deiner Kette.

Würfelkette: Aus altem Geschenk- oder Zeitungspapier faltest du nach der Origamitechnik je Lämpchen einen Würfel. Anleitungen für Origamiwürfel findest du im Internet. Das Lämpchen kannst du einfach an einer Ecke in den gefalteten Würfel hineinschieben.

Blumenkette: Schneide pro Lämpchen drei »Eierbecher« aus einem Eierkarton und male sie bunt an. Anschließend schneidest du die Becher von oben rundherum viermal ein, sodass Blütenblätter entstehen. Stecke die drei Becher ineinander und stich in die Mitte der Blüte ein Loch für das Lämpchen.

Glaskette: Besonders viel Licht spendet eine Kette aus Gläsern. Dazu musst du viele leere kleine Schraubgläser sammeln. Außerdem benötigst du Draht, um die Lichterkette zu verstärken. Stich in jeden Deckel mittig ein Loch für das Lämpchen. Links und rechts daneben stichst du je ein weiteres kleines Loch. Führe den Draht am Kabel der Lichterkette entlang und wickle ihn ab und zu ums Kabel, um beides zu verbinden. Vor jedem Lämpchen steckst du den Draht durch das linke Loch im Deckel und führst es zum rechten wieder hinaus.

Tipp Du willst mehr Natur im Wohnzimmer? Aus Physalisblüten lässt sich eine wunderschöne Lichterkette gestalten. Dazu stichst du einfach neben dem Stilansatz ein kleines Loch für die LED in jede Blüte.

87 Leitergolf

Super Outdoorspiel für jedes Gartenfest

Vor seinem legendären Auftritt bei Stefan Raab 2017 war Leitergolf in Deutschland fast unbekannt. Dabei ist es ein phantastisches Outdoorspiel (nicht nur) für Familien! Leiter und Wurfkugeln (Bolas) kannst du mit Material aus dem Baumarkt leicht selbst bauen.

Für die Sprossen brauchst du drei 50 Zentimeter lange Rundhölzer mit einem Durchmesser von zwei bis drei Zentimetern oder einen alten Besenstil und eine Säge. Für die Holmen (das sind die Seitenteile der Leiter) brauchst du zwei Vierkanthölzer von je 90 Zentimetern Länge und mindestens zwei Zentimetern Stärke. Zwei weitere Vierkanthölzer mit je 80 Zentimetern Länge bilden die Standfüße der Leiter. Außerdem brauchst du acht Holzschrauben und einen Akkuschrauber. Verbinde die Holmen der Leiter mit den drei Sprossen in 25, 50 und 75 Zentimetern Höhe. Dabei solltest du die Löcher in den Holmen vor dem Zusammenschrauben vorbohren. Anschließend befestigst du die Leiter mit zwei weiteren Schrauben in der Mitte der Standfüße, sodass sie stabil steht.

Für die Bolas brauchst du zwölf Holzkugeln (vier bis fünf Zentimeter Durchmesser) mit Loch sowie sehr stabile Schnur. Verbreitere die Bohrlöcher aller Kugeln von einer Seite zwei Zentimeter tief, sodass ein Knoten hineinpasst. Schneide sechs Schnurstücke von 40 Zentimetern Länge ab. Mache in ein Ende jeder Schnur einen stabilen Knoten. Dann fädelst du zwei Kugeln auf jede Schnur, sodass die breite Öffnung der Kugeln zum jeweiligen Schnurende zeigt. Anschließend machst du einen Knoten in das zweite Schnurende. Nun sollten beide Knoten in den Löchern der Kugel verschwinden.

Stelle dich mit deinen Mitspielern fünf Schritt hinter der Leiter auf und schleudert abwechselnd eure Bolas. Kugeln, die an den Sprossen hängen bleiben, geben Punkte (oberste Sprosse: drei, mittlere zwei, untere einen Punkt). Von gegnerischen Bolas umwickelte Kugeln geben keine Punkte mehr.

Tipp Die Bolas dienten ursprünglich als Wurfwaffe (nicht nur der Cowboys) zum Einfangen von Tieren. Auch heute werden sie teilweise noch von Inuit, sibirischen Tschuktschen sowie südamerikanischen Jägern und Rinderhirten zum Fangen entlaufener Tiere eingesetzt.

88 Regrowing

Gemüse aus Küchenabfällen züchten

Stell dir vor, du hast deinen Salat aufgegessen und ein neuer wächst nach. Klingt verrückt? Ist aber wirklich so. Bei einigen Gemüsesorten reichen die Abfälle aus, um daraus neue Pflanzen zu züchten. Es ist zwar nicht ganz so, dass du nur noch einen einzigen Salatkopf für den Rest deines Lebens brauchst. Trotzdem ist Regrowing ein spannendes Experiment, um Lebensmittel auf der Fensterbank nachwachsen zu lassen.

Am besten eignen sich Romanasalat, Lauch und Lauchzwiebeln oder Staudensellerie für dein Küchenabenteuer. Achte beim Verbrauch von Lauch oder Sellerie darauf, die Stangen ungefähr zwei Zentimeter über der Wurzel abzuschneiden. Den Strunk stellst du dann in ein Glas oder eine Schale mit Wasser. Dabei sollen nur die Wurzeln im Wasser stehen, der Stiel oben aber herausschauen. Wechsle das Wasser am besten täglich. Sobald neue Triebe wachsen, solltest du die Pflanze in einen kleinen Topf mit Anzuchterde setzen, da das Wasser nicht ausreichend Nährstoffe enthält.

Beim Salat solltest du schon beim Kauf darauf schauen, dass er einen möglichst langen Strunk hat. Ist der Strunk zu weit oben abgeschnitten, kann die Pflanze nur schlecht neue Wurzeln bilden. Beim Verzehr lässt du die kleinsten Blätter in der Mitte, das sogenannte Salatherz, übrig. Stelle den Strunk so ins Wasser, dass die Blättchen nicht nass werden. Andernfalls beginnt die Pflanze leicht zu schimmeln. Denke daran, das Wasser regelmäßig zu wechseln. Sobald der Salatstrunk Wurzeln zieht, kannst du ihn ebenfalls in die Erde setzen.

Sogar eine Ananas kannst du nachzüchten. Dazu drehst du den Strunk vorsichtig aus der Frucht heraus und setzt ihn zum Wurzelnziehen ins Wasser. Später pflanzt du ihn an einem warmen sonnigen Standort auf der Fensterbank ein. Zunächst wächst daraus eine kleine Ananaspflanze. Wenn du Glück hast, entsteht daraus nach einigen Jahren eine kleine Ananas.

Tipp Am besten eignen sich Fenster mit Ost- oder Westausrichtung für das Regrowing von Gemüse. Nordfenster bieten meistens zu wenig Licht, an Südfenstern ist es manchmal zu warm.

89_Rekordversuch

Ein einmaliges Alltagsabenteuer

Natürlich sind wir alle Individuen, und kein Mensch ist wie der andere. Dennoch haben wir manchmal das Gefühl, dass unser Leben austauschbar und gewöhnlich ist. Job, Familie, Freunde, Hobbys: Irgendwie hat das doch jeder. Hier kommt der besondere Reiz dieses Alltagsabenteuers ins Spiel. Bei einem Rekordversuch geht es darum, etwas Außergewöhnliches, vielleicht sogar Einmaliges zu tun.

Nun sind die meisten von uns leider nicht die schnellsten 100-Meter-Läufer oder die stärksten Gewichtheber der Welt. Rekorde gibt es aber auch in ganz anderen Disziplinen: Kannst du den höchsten Turm aus Centmünzen auf deinem kleinen Finger balancieren? Am meisten Röcke übereinander anziehen? Die größte Menschenmenge zu einer gemeinsamen Müllsammelaktion zusammentrommeln? Es geht um die Herausforderung, etwas zu tun, was vor dir noch kein Mensch geschafft hat. Vielleicht strebst du sogar einen Eintrag ins Guinnessbuch der Rekorde an? In jedem Fall kannst du es als Inspirationsquelle für deinen eigenen Rekordversuch nutzen. Möglicherweise findest du auch einen bestehenden Rekord, den du brechen möchtest.

Für den Anreiz des Alltagsabenteuers muss es aber nicht gleich ein Weltrekord sein. Genauso viel Freude macht es, mit Freunden oder Kolleginnen einen lokalen Rekordversuch zu starten, am besten für einen guten Zweck. Vielleicht werdet ihr die meisten Männer, die Weihnachtsplätzchen nach Omas Rezept für Seniorenheime gebacken haben? Oder das erste bayerische Dorf, das einen Tag lang komplett auf Plastikverpackungen verzichtet? Schon die Vorüberlegungen, welchen Rekord du aufstellen möchtest, sind ein kleines Brainstorming-Abenteuer. Mit den konkreten Vorbereitungen kommt dann die Vorfreude – ähnlich wie beim Packen vor einer Reise. Der Rekordversuch selbst kann zu einem der aufregendsten Erlebnisse deines Lebens werden! Kommt die Presse? Gibt es ein Medienecho? Wird er gelingen?

Tipp Rekord wird definiert als eine bisher noch nicht erreichte Leistung auf einem bestimmten Gebiet. Er muss messbar, brechbar und verifizierbar sein.

90 Sammeln fürs Abendessen

Ein DIY-Salat aus leckeren regionalen Wildkräutern

Es muss nicht immer Biosalat aus dem Supermarkt sein: Noch nachhaltiger und gesünder sind selbst gesammelte Wildkräuter aus deiner Umgebung! Sie verzichten auf Plastikverpackung und Transport, dafür steigern sie unsere Wertschätzung für Lebensmittel. Außerdem haben sie oft mehr Vitamine und Mineralstoffe als gekauftes Grünzeug. Es ist aufregend, sich in die Zeit der Jäger und Sammler zurückzuversetzen. Der Stolz auf die selbst gesammelte Nahrung lässt das Abendessen gleich noch besser schmecken.

Die besten Orte zum Kräutersammeln sind am Waldrand. Im Frühjahr bis Frühsommer ist die Auswahl am größten. Als Wissensgrundlage solltest du ein Pflanzenbestimmungsbuch oder eine entsprechende App dabeihaben.

Löwenzahn: Nur die zarten jungen Blätter sammeln! Sie haben achtmal so viel Vitamin C wie Kopfsalat, und der Geschmack erinnert an Chicorée. Aus den Blüten kannst du tolle Naturkosmetik herstellen.
Nesseln: Die feinen jungen Triebe der Brennnessel haben noch keine Brennhaare. Auch alle Taubnesselarten sind essbar. Nesseln schmecken leicht nussig und helfen durch ihre harntreibende Wirkung bei der Entgiftung des Körpers.
Giersch: Die jungen Blätter bilden eine gute Grundlage für jeden Wildkräutersalat, denn es gibt sie wirklich überall und in Massen. Sie enthalten zum Beispiel Calcium, Magnesium, Zink, Vitamin A und C.
Gänseblümchen: Du kannst Blätter, Blüten und Knospen als dekorative Beilage zu Salat oder Gemüse verwenden. Sie schmecken leicht nach Feldsalat und enthalten ebenfalls viele Vitamine.
Vogelmiere: Die winzige, weiß blühende Pflanze kannst du ganz essen. Sie schmeckt wie Kopfsalat und ist ein toller Eisenlieferant.

Sauerampfer, Spitzwegerich, Schafgarbe, Gundermann oder Knoblauchrauke sind ebenfalls schmackhafte Zutaten für einen heimischen Wildkräutersalat.

Tipp Etwas Marmelade oder Honig im Salatdressing gleichen die Bitterstoffe der Kräuter gut aus. Auch Kräuterquark oder Kräuterbutter lassen sich aus selbst gesammelten Wildkräutern gut herstellen.

91 Seedbombs

Lass deine Stadt erblühen

Die Bedeutung der Biene für Mensch und Natur ist uns inzwischen bewusst. Dennoch tun wir uns oft schwer damit, etwas zu ihrem Schutz zu unternehmen. Wie gut, dass es etwas Einfaches gibt, das viel Spaß macht und außerdem ein perfektes Mitbringsel für Freunde und Familie ist. Hilf mit Samenbomben die Brachflächen, deine Stadt zum Blühen zu bringen!

Um deine eigenen Seedbombs herzustellen, benötigst du Erde (am besten aus dem eigenen Kompost) und Blumensamen. Du kannst die Samen selbst sammeln oder im Gartenmarkt kaufen. Achte bei der Auswahl darauf, nur unbehandeltes Saatgut heimischer Pflanzen zu verwenden. Besonders gut eignen sich anspruchslose Sorten, die zusätzlich bei Bienen und anderen Insekten beliebt sind, zum Beispiel Ringel- und Sonnenblumen, Kamille und Mohn, Kornblume, Lavendel oder Kapuzinerkresse. Du kannst die Samen bunt mischen oder eine hübsche Farbkombination zusammenstellen. Nachdem du die Erde fein gesiebt hast, vermischst du sie mit den Blumensamen (ein Esslöffel Samen auf zehn Esslöffel Erde). Damit die Samenbomben hart werden, empfiehlt es sich, zusätzlich Tonerde unterzumischen (ebenfalls zehn Esslöffel). Tonpulver kannst du als Heil- oder Mineralerde in vielen Apotheken und Drogeriemärkten kaufen. Gib so lange vorsichtig Wasser zu der Mischung, bis sie sich kneten lässt wie Teig. Forme kleine Kugeln aus der Masse und lege sie zum Trocknen auf altes Zeitungspapier oder Holz an einen gut belüfteten Ort. Nach drei Tagen sollten die Seedbombs hart und fertig für ihren Einsatz sein.

Du kannst sie in deinem eigenen Garten ins Gras legen, auf den Grünstreifen an der Straße oder auf andere brachliegende öffentliche Flächen werfen. Die Aussaat auf Grundstücken fremder Eigentümer, landwirtschaftlichen Nutzflächen oder in Naturschutzgebieten ist verboten. Am wirkungsvollsten sind die Samenbomben, wenn du sie im Frühjahr kurz vor dem nächsten Regenguss verteilst.

Tipp Hübsch verpackt in kleinen Stoffsäckchen oder selbst gebastelten Papiertütchen sind Seedbombs ein super Mitbringsel zu jeder Gelegenheit.

92 Stein auf Stein

Lego-Hacks für dein Zuhause

Auch Erwachsene bauen gern. Nicht umsonst haben die altbewährten Legosteine inzwischen sogar die Businesswelt erobert. Gegenstände in ungewohnter Weise zu nutzen bricht mit dem althergebrachten Mantra »Das haben wir schon immer so gemacht« und eröffnet völlig neue Möglichkeiten. Das Lego-Alltagsabenteuer soll eine Inspiration dafür sein, wie du nicht nur Dinge, sondern auch deine Talente in anderen Bereichen einsetzen und damit neue Facetten in deinem Leben entdecken kannst. Einfache Lego-Hacks kommen mit nur wenigen Teilen aus. Suche auf dem Flohmarkt oder frage Kinder aus der Verwandtschaft, ob sie Bausteine übrig haben.

Schlüsselbrett: Aus einer kleinen Legoplatte und einigen Steinen kannst du ein praktisches Schlüsselbrett bauen. Mit dem Akkuschrauber bohrst du in die Legosteine jeweils zwei kleine Löcher, durch die du einen Schlüsselring fädeln kannst. Damit befestigst du den Legostein an deinem Schlüsselbund. In die Legoplatte bohrst du vier etwas größere Löcher und schraubst sie an der Wand fest. Nun kannst du deinen Schlüsselbund jederzeit mit dem daran befestigten Legostein aufs Schlüsselbrett »bauen«.

Kabelhalter: Um Ordnung in deinen Kabelsalat zu bekommen, brauchst du einige Legofiguren. Die meisten Handyladekabel passen genau in die kleinen Legohände. Du kannst die Männchen neben der Steckdose auf einer Legoplatte platzieren oder anderweitig befestigen. Jede Figur bekommt ein Kabelende in die Hand, sodass alle Stecker übersichtlich geordnet und sofort verfügbar sind. Wenn du möchtest, kannst du zusätzlich aus Legosteinen eine Handyhalterung bauen, in welche du dein Smartphone zum Aufladen hineinstellst.

Bist du auf den Geschmack gekommen? Baue Blumenübertöpfe, einen Messerblock, Stifte- oder Zeitschriftenhalter. Auch Ohrringe, Manschettenknöpfe oder Kühlschrankmagneten lassen sich super aus Legosteinen designen.

Tipp Die größeren Duplosteine können ebenfalls in praktische Alltagshelfer umgenutzt werden, zum Beispiel als Garderobenhaken oder um eine Seifenschale daraus zu bauen.

93 Werbung für dich

Steh Modell in deiner eigenen Kampagne

Wir sind tagtäglich von Werbung umgeben. Manchmal ist sie witzig, oft nervt sie. Wir können aber auch etwas von ihr lernen: in unterschiedliche Rollen zu schlüpfen. Eine andere Person darzustellen kann ein sehr effektiver kleiner Ausbruch aus dem Alltag sein. Du veränderst dein Äußeres, deine Mimik, deine Gestik und damit ganz automatisch auch deine Perspektive. Probier es aus, am besten gemeinsam mit Freunden. Ihr werdet vom Ergebnis überrascht sein und ganz sicher viel Spaß haben!

In eine fremde Rolle zu schlüpfen ist bei Werbung deshalb sehr einfach, weil die Charaktere beziehungsweise einzelne ihrer Eigenschaften oft übertrieben dargestellt werden. Je nach Interesse könnt ihr aus verschiedenen Genres auswählen:

Retro-Blechschild: Du kennst bestimmt diese alten Blechschilder mit Werbung für Waschmittel, Autos oder Schokolade. Bastelt oder leiht euch passende Kostüme und stellt das Motiv nach. Achtet auf einen einfarbigen Hintergrund. Nach dem Fotoshooting könnt ihr die Bilder mit entsprechenden Filtern so nachbearbeiten, dass sie richtig retro wirken. Wenn euch das Ergebnis gefällt, lasst es auf ein Blechschild drucken!

Filmplakat: Was ist dein Lieblingsfilm? Oder ein Klassiker aus deiner Jugendzeit? Stelle mit Freunden oder Familie das Filmplakat nach und lass es auf ein Poster drucken. Wenn du mehr Kunst- als Kinofan bist, könnt ihr stattdessen auch ein klassisches Gemälde oder eine Statue nachstellen.

Werbespot oder -song: Die Werbeindustrie produziert immer wieder eingängige Sprüche und Melodien. Stellt eine entsprechende Szene nach – mit Originaltext oder in eurer persönlichen Version. Solch eine kleine Schauspieleinlage eignet sich super als Teamevent mit Kollegen oder als kurze Darbietung auf Hochzeits- und Geburtstagsfeiern. Natürlich könnt ihr sie auch auf Video aufnehmen.

Tipp Alle drei Versionen eignen sich hervorragend für eine Runde Scharade beim nächsten Spieleabend! Gedruckte Ergebnisse deiner Werbekampagne sind außerdem tolle persönliche Geschenke.

Abenteuer für nebenher

Arbeiten, essen, schlafen, Haushalt, vielleicht Sport: Hast du manchmal das Gefühl, dass dir für besondere Erlebnisse oder gar Abenteuer überhaupt keine Zeit bleibt? Dann findest du deine ganz persönlichen Anleitungen zum Ausbruch aus der Alltagsroutine in den folgenden Kapiteln. Du brauchst keine zusätzliche Zeit, um einen Tag lang barfuß zu gehen oder ihn schweigend zu verbringen. Vielleicht gewinnst du sogar Zeit dadurch. Auch ein Digital-Detox-Tag oder 24 Stunden ohne Uhr schenken dir mehr Raum für dich.

Das klingt noch nicht abenteuerlich genug? Du willst nebenher mehr erleben? Lass dich auf Neues ein, indem du einen ganzen Tag lang zu allem »Ja« sagst, was die Menschen um dich herum dir vorschlagen. Wage einen Blick in die Vergangenheit und gestalte deinen Tagesablauf wie die Menschen vor 100 Jahren. Oder versuche, 24 Stunden CO_2-neutral zu leben, um etwas für deine Zukunft und gegen den Klimawandel zu tun.

Um etwas zu erleben, brauchst du nicht immer Zeit. Die Alltagsabenteuer für nebenher zeigen dir, dass dein ganzes Leben ein Abenteuer sein kann. Entdecke das Außergewöhnliche in deinem Alltag!

94 Alt sein für einen Tag

Ein Ausflug in deine Zukunft

Möchtest du gern einen Blick in die Zukunft werfen? Auch wenn wir manches lieber nicht im Vorhinein wissen möchten, sind wir doch alle neugierig darauf, was das Leben noch für uns bereithält. Um zu spekulieren, wie du in 30 oder 50 Jahren aussehen wirst, brauchst du nur einige Klamotten aus dem Schrank deiner Großeltern und vielleicht ein bisschen Schminke. Selbst diese lediglich optische Veränderung erinnert uns daran, dass das Leben endlich ist. Diese Gedächtnisstütze hilft dir, dich darauf zu besinnen, was wirklich wichtig ist und welchen Stellenwert du diesen Dingen in deinem Alltag einräumst. Na los, wage den Blick in die Kristallkugel!

Die passende Verkleidung findest du entweder bei älteren Menschen in deiner Familie, beim Kostümverleih oder im Secondhandladen. Anleitungen zum Faltenschminken gibt es im Internet. Um deine Haare für einen Tag grau zu färben, kannst du hellen Puder oder Haarkreide verwenden und anschließend mit etwas Haarspray fixieren. Auch eine weiße Fettschminke, wie sie Clowns benutzen, erfüllt den Zweck. Alle drei Optionen sind mit Shampoo wieder auswaschbar. So zurechtgemacht, solltest du auf jeden Fall ein Erinnerungsfoto zum späteren Vergleich machen. Du kannst es auch deinem Partner oder einer Freundin schenken mit der Botschaft »Mit dir möchte ich alt werden«.

Möchtest du nicht nur dein Aussehen verändern, sondern möglichst realitätsnah das Altern für einen Tag nachempfinden, leihe dir einen Rollator oder einen Rollstuhl aus. Gewichtsmanschetten an Armen und Beinen simulieren die größere Anstrengung, die alltägliche Bewegung für ältere Menschen verursacht. Eine Brille mit Gelbfilter und Kopfhörer erschweren Sehen und Hören. Es gibt sogar richtige Alters-Simulationsanzüge, die zusätzlich eine geringere Beweglichkeit der Gelenke, eine gebeugte Haltung und weitere Altersbeschwerden nachempfinden.

Tipp Dich in einen alten Menschen hineinzuversetzen und seine Einschränkungen nachzufühlen schafft Verständnis für die Bedürfnisse der Generation deiner Eltern oder Großeltern und bringt euch emotional näher.

95_Deine Doku

Prozessoptimierung für dein Leben

Hast du manchmal das Gefühl, dass das Leben einfach so vor sich hin plätschert? Dass Wochen und Monate an dir vorüberziehen, ohne dass du etwas erlebt hast? Dabei hat doch jeder Tag 24 Stunden, und meistens sind sie gut gefüllt. Aber womit eigentlich? Mit diesem Alltagsabenteuer dokumentierst du den Status quo deines Lebens – und findest vielleicht Anhaltspunkte dafür, was du verändern möchtest.

Du brauchst dafür nur dein Smartphone. Mache einen Tag lang jede halbe Stunde ein Foto von deiner aktuellen Beschäftigung. Aufstehen, frühstücken, Sport machen, arbeiten, Freunde treffen, aufräumen, im Stau stehen, kochen, fernsehen, und so weiter. Wenn du möchtest, kannst du dafür einen Arbeitstag sowie einen Tag am Wochenende wählen. Geh anschließend die Stunden deines Tages anhand der Fotos durch und überlege dir bei jeder Tätigkeit,

- ob du sie gern machst,
- ob du mit dem Zeitumfang zufrieden bist,
- ob du etwas daran ändern möchtest.

Oft musst du nur Kleinigkeiten ändern. Stört dich das alltägliche Kochen, kannst du künftig nebenher einen interessanten Podcast hören oder dir über Apps wie »Too Good To Go« eine fertige Mahlzeit kaufen, die sonst weggeworfen würde. Natürlich musst du arbeiten, um Geld zu verdienen. Aber brauchst du wirklich ein Vollzeitgehalt? Macht dir dein aktueller Job Spaß?

Du hast zu viele Fotos von deinem Fernseher gemacht und zu wenige von deinen Freunden? Beschränke deine Fernsehzeit auf zwei Abende pro Woche und nutze die freie Zeit, um Freunde zu treffen oder Sport zu machen. Wenn dir dein Tagesablauf zu eintönig erscheint, probiere öfter etwas Neues aus. In diesem Buch findest du dafür zahllose Anregungen. Hast du das Gefühl, eigentlich nie zur Ruhe zu kommen? Überlege, welche Tätigkeiten du zeitlich begrenzen kannst, um dir kleine Freiräume des Nichtstuns zu schaffen.

Tipp Wenn du Inspiration für Veränderung brauchst, hole deine Fotoalben hervor oder klicke dich durch deine Fotos in der Cloud. Dort hast du in den meisten Fällen das abgelichtet, was dir Freude macht.

96 Digital Detox

Ein Tag ohne dein Smartphone

Hast du gewusst, dass der durchschnittliche Deutsche täglich mehr als drei Stunden auf sein Smartphone schaut? Überlege mal, was du in diesen drei Stunden alles tun könntest! Sport machen, schlafen, dich mit Freunden treffen, ein Buch lesen … Natürlich nutzen wir das Smartphone auch für sinnvolle Dinge. Aber sei ehrlich: drei Stunden täglich? Schalte dein Handy aus – einen Tag lang oder eine ganze Woche – und lass dich von den positiven Effekten überraschen!

Am besten testest du die Smartphone-Diät am Wochenende oder im Urlaub. Je länger du dir handyfrei nimmst, umso größer ist der Effekt. Hast du Sorge, im Notfall nicht erreichbar zu sein, kannst du den Nicht-stören-Modus aktivieren und bestimmte Kontakte festlegen, deren Anrufe trotzdem durchgestellt werden sollen.

Handy aus, und was nun? Zuerst einmal stellt sich eine gewisse Unruhe ein. Das Bedürfnis, in jedem freien Moment aufs Display zu schauen. Überlege dir, warum du aufs Smartphone schauen wolltest. Brauchst du eine bestimmte Information, oder wolltest du nur die Zeit füllen? Konzentriere dich stattdessen auf deine Umgebung. Was gibt es zu sehen, zu hören, zu riechen, zu tun? Hänge deinen Gedanken nach, genieße die Stille und das Fehlen der optischen Reize. Du wirst mehr Zeit haben, intensiver direkt mit anderen Menschen kommunizieren und abends besser einschlafen können. Und dann?

Sobald das Handy wieder verfügbar ist, fallen wir in alte Muster zurück. Aber es gibt Möglichkeiten des Digital Detox, ohne auf das Smartphone zu verzichten. Schalte Push-Benachrichtigungen aus. Kaufe dir einen Wecker und mach dein Bett zur smartphonefreien Zone. Schalte den Farbraum deines Handys auf Farbenblindheit (Grautöne) um. Hör auf, alles zu fotografieren. Leg dein Handy mit Geldbeutel und Schlüssel zusammen ab, wenn du die Wohnung betrittst. Nimm es nur in die Hand, wenn es klingelt.

Tipp Oft nehmen wir das Smartphone nur zur Hand, um auf die Uhr zu sehen. Allerdings bleibt es meistens nicht bei einem kurzen Blick. Dieser Versuchung kannst du leicht entgehen, indem du eine Armbanduhr trägst.

97 Du hast es drauf!

Komplimente für mehr Wertschätzung

Ein Sprichwort besagt, dass kleine Geschenke die Freundschaft erhalten. Aber wusstest du, dass auch Komplimente Beziehungen stärken? Lob tut der Seele gut. Die Belohnungsstoffe, sogenannte Opioide, die dein Körper ausschüttet, wenn du gelobt wirst, wirken wie synthetische Drogen. Du profitierst aber auch davon, Komplimente zu machen. Du gewinnst Sympathien und nimmst Menschen für dich ein. Versuche heute, jedem Menschen, mit dem du dich unterhältst, ein ehrliches Kompliment zu machen.

Der Kontext eurer Beziehung spielt keine Rolle. Chef, Kolleginnen oder Mitarbeiter freuen sich gleichermaßen über Komplimente. Wichtig ist, dabei nicht in Schmeichelei zu verfallen. Unverfänglich ist beispielsweise das Lob von Engagement, Beobachtungsgabe oder Zuverlässigkeit. Ehrliche Komplimente können dir im Job Türen öffnen oder die Atmosphäre im Team verbessern. Noch wichtiger ist diese Aufmerksamkeit für die private Beziehungspflege. Deinen Partner oder deine Partnerin kannst du sogar mit übertriebenen Komplimenten erfreuen. Schließlich ist es völlig in Ordnung, wenn er für dich der Schönste ist oder sie für dich den besten Humor hat.

Aber auch Komplimente nutzen sich ab. Überlege deshalb ab und zu, welche vielleicht weniger offensichtlichen Eigenschaften deiner Mitmenschen du lobenswert findest. Am meisten freuen sich Menschen über Komplimente in Lebensbereichen, in denen sie sonst wenig Aufmerksamkeit erhalten. Fokussiere dich auf Kleinigkeiten: Lobe den Song, den ein Freund ausgewählt hat, das selbst gemachte Apfelmus oder den Vorschlag für euren nächsten Wochenendausflug. Die Beziehung selbst kann als Grundlage für tiefgehende Komplimente dienen: »Mit dir fühle ich mich einfach wohl« oder »Danke, dass du für mich da bist/mir zuhörst/mich motivierst«. Inspirationen für außergewöhnliche Komplimente findest du übrigens im gleichnamigen Lied der »Sportfreunde Stiller«.

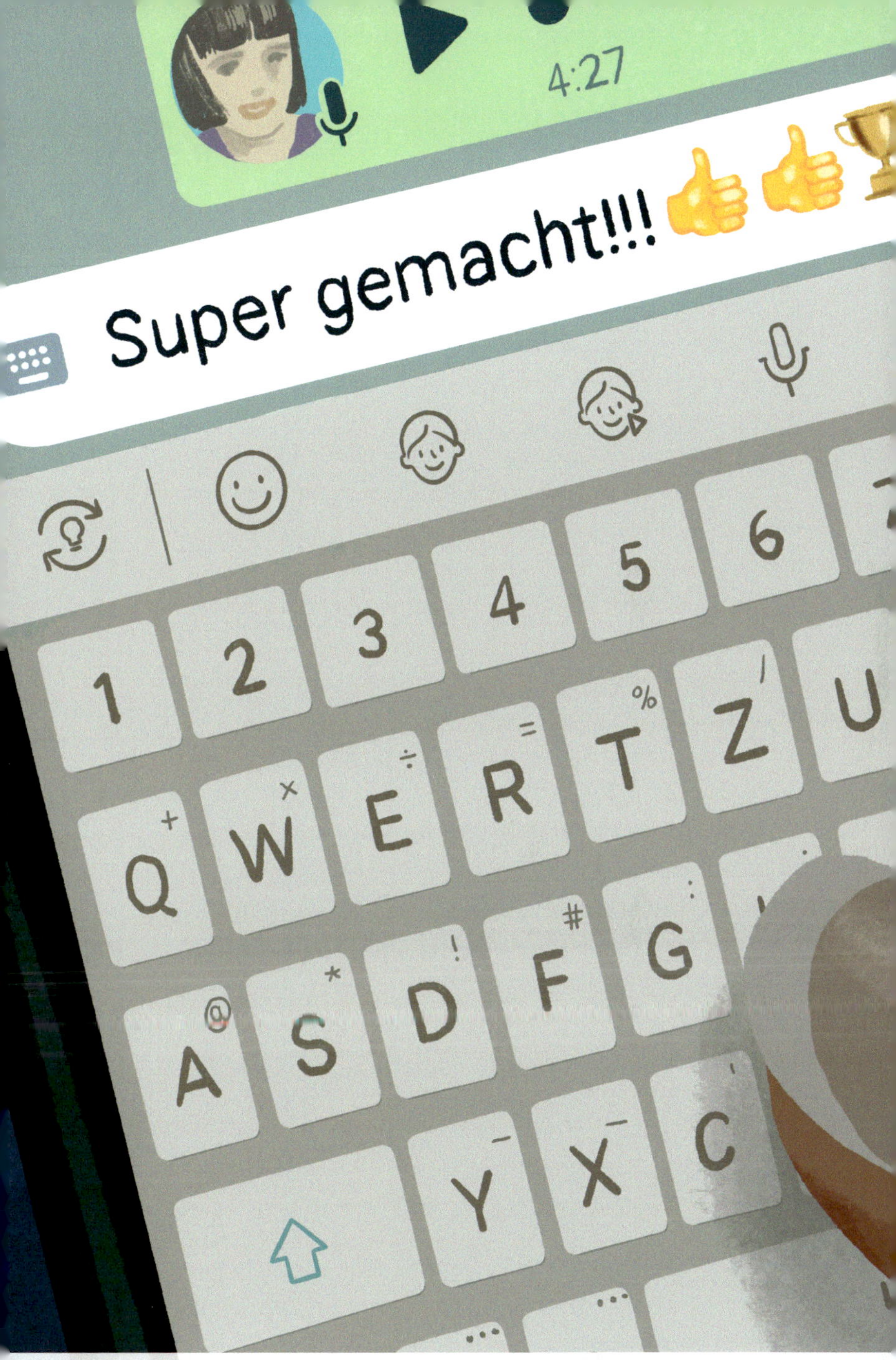

Tipp Wenn du selbst ein Kompliment bekommst, bedanke dich und versuche nicht, es herunterzuspielen. Andere sehen Stärken, die dir selbst nicht bewusst sind.

98 Entscheidungs-Bootcamp

Warum gut genug manchmal am besten ist

Rund 20.000 Entscheidungen müssen wir täglich treffen. Die meisten davon fallen blitzschnell, meist unbewusst und oft unter Zeitdruck. Dabei bedeutet die Entscheidung für eine Option immer den Verzicht auf andere Alternativen. Die Abwägung und anschließende Verarbeitung dieser Verluste zählen zu den größten Stressfaktoren in der modernen Gesellschaft. Vielleicht wäre das Wetter in den Bergen besser gewesen als am Strand. Möglicherweise hätte der Kunde das Angebot angenommen, wenn du ihn angerufen hättest, anstatt eine Mail zu schicken. Und hätte sich deine Mutter nicht vielleicht doch mehr über das Halstuch gefreut als über das Armband, das du ihr geschenkt hast?

Sich auf der Suche nach der perfekten Lösung alle Türen offen zu halten führt zu einer psychischen Belastung im Berufs- und Privatleben. Triff heute bewusst so viele Entscheidungen wie möglich. Suche nicht nach der »richtigen« Option, in den meisten Fällen gibt es kein Richtig oder Falsch. In Bereichen, wo du viel Erfahrung hast, entscheidest du am besten schnell und intuitiv. Stehe dazu auf. Das unterstützt den bewussten Entscheidungsprozess. Auch eine volle Blase, Ärger und schlechte Laune tragen übrigens dazu bei, dass wir rationalere Entscheidungen treffen.

Bei Entscheidungen auf ungewohntem Terrain ist Zeitdruck eher schädlich. Überlege, was du einem Freund raten würdest, der vor derselben Wahl stünde. Kompromisse versprechen oft kurzfristige Erfolge. Frage dich, was du in drei Stunden, drei Wochen oder drei Jahren über deine Entscheidung denken wirst. Bei komplexen, weitreichenden Entscheidungen sind Hilfsmittel wie Pro-Contra-Listen, Mindmaps oder Entscheidungsbäume ebenfalls förderlich. Übrigens ist man hinterher nicht immer schlauer. Mach dir bei nachträglichen Zweifeln immer die positiven Seiten deiner Entscheidung bewusst – und dass jede Alternative andere Nachteile gehabt hätte.

Tipp Helles Licht verstärkt Gefühle – positive und negative. Für rationale Entscheidungen kann es daher hilfreich sein, das Licht zu dimmen oder auszuschalten.

99 Erste Male

Jedem Anfang wohnt ein Zauber inne

Wahrscheinlich erinnerst du dich nicht mehr an dein erstes Eis. Aber wenn du ein strahlendes Kleinkind mit seinem allerersten Eis siehst, kannst du dir die Geschmacksexplosion ungefähr vorstellen. Das erste Mal Achterbahn fahren, das erste selbst gelesene Buch und natürlich der erste Kuss – Mensch, war das Leben aufregend, als wir noch jünger waren! Jetzt wissen wir, was wir gut können und gern mögen, und bleiben viel zu oft bei Altbewährtem, anstatt etwas Neues zu wagen. Mit diesem Alltagsabenteuer für nebenher bringst du wieder ein bisschen mehr Spannung und Entdeckungsfreude in dein Leben.

Keine Angst, die ersten Male gehen nie aus. Es gibt unendlich viele große und kleine Dinge im Leben, die du noch nicht ausprobiert hast. Beginne mit einer einfachen Übung: Bestelle beim nächsten Restaurantbesuch etwas von der Karte, das du noch nicht kennst. Probiere ein Fortbewegungsmittel aus, mit dem du noch nie gefahren bist, vielleicht ein Tandem? Eine Pferdekutsche? Ein Segway? Plane deine nächste Reise in ein Land oder eine Stadt, wo du noch nie warst.

Auch zu Hause hast du jede Menge Gelegenheit für erstmalige Erfahrungen. Kaufe ein Gemüse, das du noch nie gegessen oder zubereitet hast, und probiere ein passendes Rezept aus. Leihe dir ein Spiel aus, das du noch nicht kennst, und spiele es mit Familie oder Freunden. Auch das Liebesleben ist immer gut für neue erste Male: neue Stellung, neuer Ort, neues Toy.

Mehr Spannung gefällig? Teste eine neue Sportart wie Slacklinen oder Spikeball. Geh Blut spenden. Sing in einem Chor. Schreibe einen Leserbrief. Geh auf einen Ball. Spende für einen guten Zweck. Geh zum Pferderennen. Nimm an einem Flashmob teil. Meditiere. Geh nackt baden. Mach ein 5.000-Teile-Puzzle. Etwas zum ersten Mal gewagt zu haben beflügelt. Jedes erste Mal liefert dir einen Energieschub und Lebensfreude, die auf deinen Alltag ausstrahlt.

Tipp Versuche, jede Woche etwas zum ersten Mal zu machen. Wenn dir nichts einfällt, mach eine Challenge mit Freunden daraus, bei der jeder dem anderen etwas vorschlägt.

100 Froh zu sein bedarf es …

Anleitung zum Glücklichsein

Weißt du eigentlich, was dich glücklich macht? (Nicht nur) wissenschaftlich betrachtet sind es leider oft gerade *nicht* die Dinge, an denen wir unser Leben ausrichten. Weder Geld noch Urlaub oder ein eigenes Haus stehen auf der Liste der Glücklich-Macher besonders weit oben. Wirklich glücklich machen uns meistens viel einfachere Dinge. Zum Glück!

Lächle mehr: Starte mit einem fröhlichen »Guten Morgen« an den ersten Menschen, den du morgens triffst. Aufgrund seines Dominoeffekts ist Lächeln ein absoluter Glücks-Booster. Wer angelächelt wird, lächelt oft zurück. Und sobald die Mundwinkel sich nach oben bewegen, beginnt dein Körper, Glückshormone auszuschütten.

Schmiede Pläne: Anders als die Reise selbst macht die Vorfreude auf den nächsten Urlaub tatsächlich glücklich. Mit kleineren Plänen funktioniert das ebenso gut. Freu dich schon morgens auf deinen spannenden Roman, ein Telefonat mit deinem besten Freund oder eine Pizza vom Lieblingsitaliener am Abend.

Geh früh schlafen: Ausreichend Schlaf ist ein wichtiger Glücksfaktor, dem wir im Alltag zu wenig Bedeutung beimessen. Ähnlich verhält es sich mit Bewegung, Sonnenschein und frischer Luft.

Sammle Karmapunkte: Geh Blut spenden oder fülle einen Organspendeausweis aus, mach deinen Mitmenschen Komplimente, verzichte auf Plastikverpackungen oder repariere etwas, anstatt es wegzuwerfen. Es gibt unendlich viele Möglichkeiten für kleine gute Taten, die dich glücklich machen.

Sei dankbar: Schreibe jeden Abend auf, wofür du dankbar bist. Das können Menschen oder Erlebnisse sein. Oft sind es vor allem die kleinen Dinge, die unser Leben bereichern. Sich all dieser Augenblicke bewusst zu werden, in denen wir uns stolz, geborgen, zufrieden oder geliebt gefühlt haben, macht nachhaltig glücklich und lässt negative Gedanken in den Hintergrund treten.

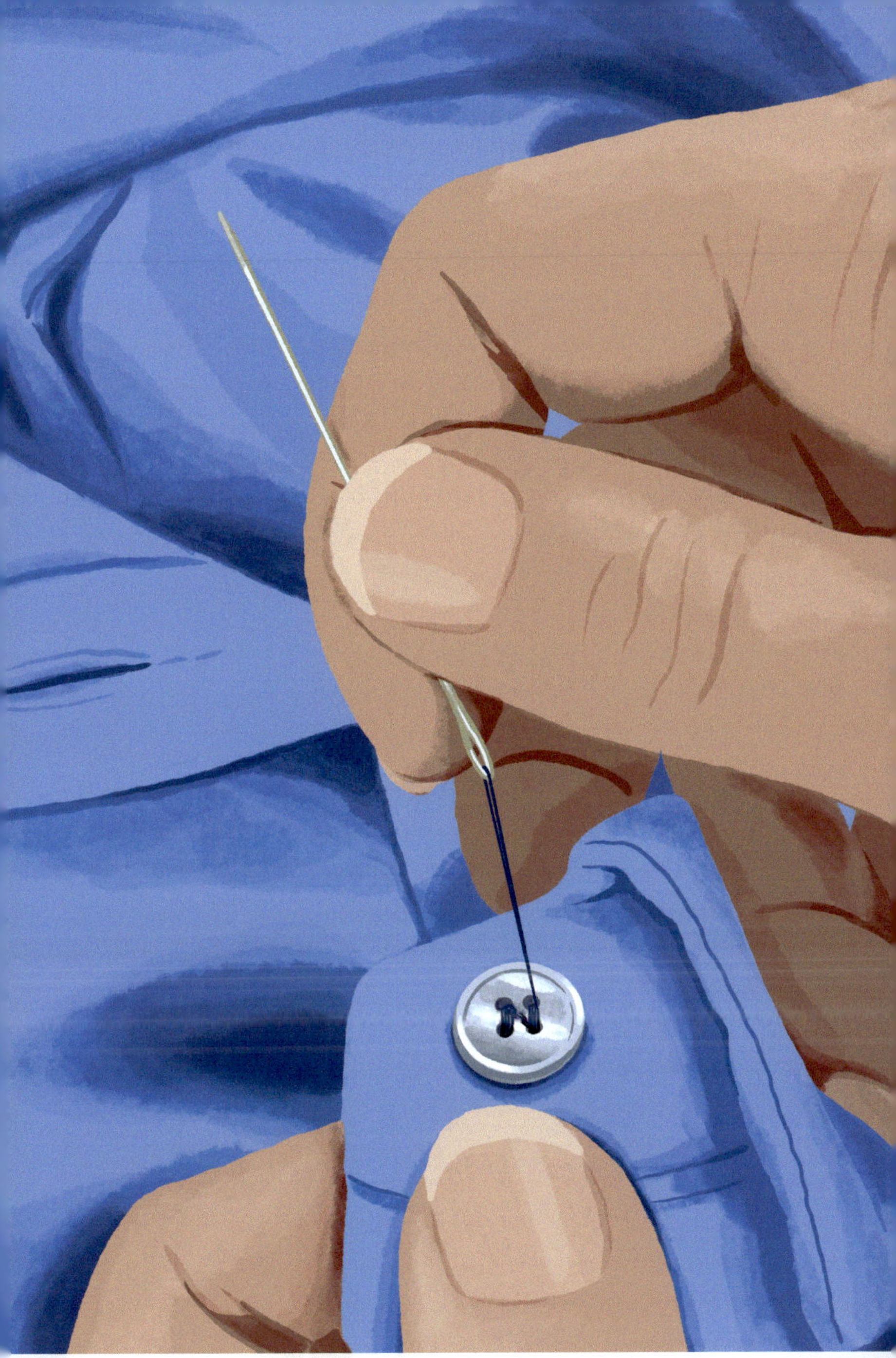

Tipp Neues zu erleben trägt auch zum Glücklichsein bei: Beginne einfach mit deinem Lieblings-Alltagsabenteuer aus diesem Buch.

101 Geerdet

Barfuß durch den Alltag

Mit beiden Beinen fest im Leben zu stehen klingt nicht nach Abenteuer. Genauer betrachtet ist es aber etwas, was uns oft fehlt: wirklich einmal mit den Füßen auf der Erde zu stehen. Leider können wir nur selten barfuß über den Strand spazieren. Einen Tag lang barfuß durch den Alltag zu gehen hat aber ähnliche Effekte. Wir spüren Details, die uns bisher nie aufgefallen sind, und werden uns unserer Bewegung und unseres Körpers auf eine ganz neue Art bewusst.

Du solltest für deinen ersten Tag ohne Schuhe nicht unbedingt den tiefsten Winter auswählen. Es muss aber auch kein strahlender Sommertag sein. Regennasse Straßen sind eine tolle Barfuß-Erfahrung! Barfuß laufen ist eigentlich das Natürlichste der Welt. Allerdings haben wir es im Laufe der Jahrhunderte verlernt. Die Stützfunktion des Fußgewölbes wird weitgehend von den Schuhen übernommen. Unebenheiten, die der Fuß ausbalancieren müsste, haben wir durch asphaltierte Wege begradigt. Ohne Schuhe zu gehen, empfinden wir daher schnell als unangenehm. Um die positiven Effekte deines Barfuß-Tages genießen zu können, solltest du daher auf folgende Dinge achten:

Stehe mit beiden Füßen stabil auf dem Boden. Fersen, große Zehen und äußere Fußballen berühren den Boden. Stehe entspannt, aber aufrecht. Stell dir dazu einen Faden vor, der durch deinen Oberkörper und Kopf nach oben führt und an der Decke befestigt ist. Beim Gehen sollte dein Körperschwerpunkt über dem vorderen Fuß bleiben. Du setzt also nicht zuerst einen Fuß nach vorn und schiebst anschließend den Körper darüber, sondern bewegst deinen Oberkörper dynamisch nach vorn und fängst den Fall auf, indem du deinen Fuß daruntersetzt. Geh in die Natur und bewege dich auf verschiedenen Untergründen. Geh langsam, um deinen Füßen Zeit zu geben, auf die Belastung zu reagieren. Ist der Untergrund uneben, tritt mit dem Vorderfuß zuerst auf.

Tipp Auch ein Barfuß-Tag in der Stadt hat seine Vorteile: Egal, ob zum Rock, zum Anzug oder zu Jeans, barfuß sieht eigentlich immer gut aus!

102 Insel-Hopping

Südsee-Abenteuer für einen Tag

Klingt traumhaft, oder? Um dich herum plätschern die blauen Wellen der Südsee, du stehst auf einem winzigen Eiland und hältst Ausschau nach der nächsten Insel, wo das Abenteuer weitergeht. Die Sache hat nur einen Haken: Deine Insel ist klein. Sehr klein. Und in den Wellen um dich herum tummeln sich Haie. Also besser nicht ins Wasser fallen!

Du kannst Insel-Hopping am Wochenende mit Freundinnen oder der Familie zu Hause spielen oder wochentags mit Kollegen im Büro. Die Regeln sind denkbar einfach. Der Boden ist Wasser. Alle Möbelstücke und andere Gegenstände sind Inseln. Du darfst, während du dich durchs Tagesgeschäft bewegst, nicht den Fußboden berühren. Trittst du ungesehen von deinen Mitspielern ins Wasser, hast du gerade noch einmal Glück gehabt. Du bekommst zwar nasse Füße, aber die Haie haben dich nicht erwischt. Wirst du allerdings mit einem Fuß oder einem anderen Körperteil im Wasser ertappt, fällst du den gefährlichen Meeresbewohnern zum Opfer und hast das Insel-Hopping verloren. Wenn ihr nicht den ganzen Tag spielen möchtet, könnt ihr Insel-Hopping auch spontan spielen. Jemand ruft in einer beliebigen Situation »Alle auf die Insel!« und zählt bis fünf. Wer bei fünf noch den Fußboden berührt, hat verloren.

Das klingt für dich nach einem Kinderspiel? Ist es auch! Deswegen ist es aber weder einfach noch langweilig. Es erfordert besondere Aufmerksamkeit, das Spiel stets nebenher im Hinterkopf zu behalten. Vor allem in der Arbeitsumgebung hat diese Konzentration auf etwas Fachfremdes spannende Effekte und eignet sich gut, um Kreativität und Innovationsbereitschaft anzukurbeln. Aber auch zu Hause reißt das Insel-Abenteuer dich buchstäblich aus deinem Alltagstrott und liefert neuen Schwung für die Wochenendgestaltung. Und sei es nur, dass ihr mehr Zeit draußen verbringt, um endlich wieder ganz normal mit den Füßen auf dem Boden laufen zu dürfen!

Tipp Der Verlierer kocht das Abendessen oder muss für die Kollegen am nächsten Tag Kuchen mitbringen. So bringst du deine Mitspieler dazu, das Spiel ernst zu nehmen.

103 Ja-Tag

Nein sagen kann jeder

Gibst du im Internet die Suchbegriffe »Ja sagen« und »Nein sagen« ein, findest du in erster Linie Strategien der Ablehnung. Sage Nein, um Zeit, Geld oder Energie zu sparen. Sage Nein, um unnötige Risiken zu vermeiden. Sage Nein, um deine Grenzen zu wahren. Manchmal kann es aber auch recht eng werden innerhalb dieser Grenzen. Dieses Alltagsabenteuer soll dich ermutigen, öfter einmal wieder Ja zu sagen.

Beim Neinsagen vermeidest du nicht nur Risiken, du verpasst auch Chancen. Ein Nein spart dir vielleicht Zeit, Geld und Energie, es hält dich jedoch auch davon ab, weiter zu wachsen. Nimm dir deshalb einen ganzen Tag lang vor, zu allen Vorschlägen, die dir unterbreitet werden, erst einmal Ja zu sagen. Ein Freund erzählt dir von einer spannenden Stellenanzeige, die gut zu dir passen würde: Ja, schau sie dir an, auch wenn du denkst, dafür nicht ausreichend qualifiziert zu sein. Eine Kollegin fragt dich, ob du Freitag nach Feierabend mit ihr walken gehen möchtest. Ja, probier es aus, auch wenn du Walken für Rentnerjogging mit Spazierstöcken hältst. Ein alter Schulfreund lädt dich spontan zu einer Feier ein. Ja, geh hin, auch wenn du Kinder hast und am nächsten Morgen den Schlafmangel spüren wirst. Deine Mutter möchte dich zu einer Operette, einem Kirchenkonzert oder in eine Textilausstellung einladen. Sag einfach Ja!

Sag Ja zu den Ideen deiner Mitmenschen. Sag Ja zu deinen eigenen – vielleicht manchmal verrückten – Impulsen und Visionen. Sag Ja zu den wunderbaren Gelegenheiten, die sich dir jeden Tag bieten. Sag Ja, wenn dir jemand Hilfe anbietet. Natürlich schaffst du vieles allein, aber zusammen geht es oft einfacher und macht mehr Freude. Ja zu sagen erfordert manchmal Mut und Überwindung, es lockt dich aus deiner Komfortzone und kann dich sogar an dein Limit bringen. Aber Ja zu sagen bringt uns auch zum Lächeln, und das lohnt sich fast immer.

Tipp Oft bedeutet ein Nein Stillstand, ein Ja Veränderung. Wer öfter Ja sagt, trifft aktive Entscheidungen und lässt das Leben nicht nur passiv an sich vorbeiziehen.

104 Ohne Fußabdruck

Versuche, einen Tag CO_2-neutral zu leben

Alle reden vom Klimaschutz, doch in vielen Bereichen sind wir zu bequem für eine Umstellung unserer Lebensgewohnheiten. Stell dich der Herausforderung und versuche einen Tag lang, so wenig CO_2 wie möglich zu produzieren! Die kurze, intensive Auseinandersetzung mit dem Thema hat viele positive Effekte. Dir wird bewusst, welche deiner Lebensbereiche Einfluss auf deine CO_2-Bilanz haben. Außerdem wirst du feststellen, welche Umstellungen dir schwerfallen und wo es dir mühelos gelingt, deine Gewohnheiten zu ändern.

Natürlich sollst du nicht aufhören zu atmen. Die größten (privaten) Hebel zur Verbesserung deines ökologischen Fußabdrucks liegen in den Bereichen Wohnen, Mobilität und Ernährung. Wenn du wissen möchtest, wo deine CO_2-Schwächen liegen, kannst du vorher deine Lebensgewohnheiten in einen CO_2-Rechner eingeben, beispielsweise auf den Webseiten des Umweltbundesamts oder von worldwatchers.

Wohnen: Du kannst an einem Tag nicht die Dämmung deiner Wohnung verbessern oder die Wohnfläche verkleinern. Aber du kannst weniger heizen und dafür einen dickeren Pullover tragen. Schalte Standby-Geräte aus, achte auf die Energieeffizienz deiner Glühbirnen oder steige auf Ökostrom um. Lies ein Buch, schreibe einen Brief oder topfe deine Zimmerpflanzen um und verzichte dafür auf Fernseher, Computer und Stereoanlage.

Mobilität: Fahre mit dem Fahrrad zur Arbeit oder zum Einkaufen. Plane deine nächste Urlaubsreise mit der Bahn und schlage anstelle der geschäftlichen Meetings in Berlin eine Videokonferenz vor.

Ernährung: Kaufe möglichst biologisch, saisonal und regional produzierte Lebensmittel, die nicht in Plastik verpackt sind. Verzichte auf Fleisch und tierische Produkte. Trinke Leitungswasser. Wähle energiesparende Zubereitungsmethoden wie einen Dampfkochtopf. Oder du bewahrst mit Organisationen wie foodsharing oder »Too Good To Go« Lebensmittel vor dem Wegwerfen.

Tipp Auch Konsum ist eine wichtige Stellschraube. Wenn du etwas brauchst, überlege, ob du es von Freunden oder Nachbarn ausleihen oder gebraucht kaufen kannst.

105 Outdoor-Regentag

Einfach mal nass werden

Bei Regen halten wir uns am liebsten drinnen auf. Was für ein fataler Fehler! Es gibt so viele kleine Abenteuer, die man draußen nur erleben kann, wenn es regnet. Also steig am nächsten freien Regentag in dein Regen-Outfit, und dann raus mit dir! Egal, ob du allein unterwegs bist oder mit Freunden und Familie: Bleib mindestens zwei Stunden draußen – oder bis du komplett durchnässt bist.

Zum Aufwärmen gibt es erst mal eine Runde Pfützenboccia. Suche dir eine möglichst große Pfütze und wirf einen kleinen Stein hinein. Nun sammelst du einige größere Steine und versuchst, sie möglichst nahe an den kleinen Stein zu werfen. Das macht mit mehreren Mitspielern natürlich am meisten Spaß. Allein kannst du im Regen gut auf Fototour gehen. Abperlende Regentropfen auf Blättern, einem Spinnennetz oder anderen Oberflächen sind gute Motive für Makroaufnahmen. Bunte Regenkleidung und Schirme bilden einen prima Kontrast zum verregneten grauen Hintergrund. In Pfützen kannst du brillante Spiegeleffekte erzielen, vor allem wenn zwischendurch einmal ein paar Sonnenstrahlen die Wolken durchbrechen. Ein Regentag eignet sich auch für andere künstlerische Aktivitäten. Vielleicht hast du Lust, mit Wasserfarbe und Büttenpapier zu experimentieren? Bringe etwas Farbe aufs Papier und lass dein Bild vom Regen gestalten.

Erinnerst du dich noch daran, wie du am Meer Sandburgen gebaut und gewartet hast, bis eine Welle den Burggraben flutete? Schnapp dir eine kleine Schaufel und geh zum nächsten Spielplatz. Der ist bei Regen meist leer, und du kannst die beste Sandburg deines Lebens bauen. Mit sich automatisch füllendem Burggraben! Nach all der Regen-Action bist du hungrig? Nimm dir eine Picknickdecke und etwas zu essen und setze dich unter eine Brücke oder einen dichten Baum. Genieße deine Brotzeit und Tee aus der Thermoskanne, während du dem Regen zusiehst.

Tipp Gummistiefel sind ein bei Erwachsenen völlig unterschätztes Kleidungsstück. Kombiniert mit warmen Socken sorgen sie bei Regenwetter draußen für den gewissen Gemütlichkeitsfaktor und trockene Füße.

106 Pizza zum Frühstück

Mahlzeiten tauschen gegen Alltagsblues

Nein, das soll keine Anleitung für einen Katertag werden. Mahlzeiten gehören zu unseren eingespieltesten Alltagsroutinen. Warum also nicht hier einmal Veränderung wagen, um den immer gleichen Trott zu durchbrechen? Mal ehrlich: Ein bisschen Verrücktsein schadet der Laune selten, und nach einer Pizza zum Frühstück startest du sicher beschwingter in den Tag als nach dem immer gleichen Müsli oder Marmeladenbrot.

Ob du das Mittagessen oder das Abendessen auf morgens verlegst, bleibt dir selbst überlassen. Je nach Zeiteinteilung deines Tages solltest du vielleicht kein Fünf-Gänge-Menü zum Frühstück kochen. Aber sich vor der Arbeit kurz an den Herd zu stellen ist schon ein besonderes Erlebnis. Wenn du es morgens besonders eilig hast, kannst du dir ein Gericht vom Vortag aufwärmen. Auch einige Lieferdienste bieten einen 24-Stunden-Service an. Anstelle von Kaffee gibt es dazu Wasser, Saftschorle oder ein alkoholfreies Bier.

Findet dein Mahlzeitentausch am Wochenende statt, kannst du auch versuchen, weitere Elemente deines Tagesablaufs zeitlich zu tauschen. Schon vor dem Frühstück kannst du dir einen Film ansehen, ein Brettspiel machen oder dich mit Freunden treffen. Der klare Vorteil am Fernsehen vor dem Frühstück liegt darin, dass der Hunger dich irgendwann unweigerlich aus den Kissen treibt. Kaffee und Kuchen helfen dir über ein spätes Vormittagstief hinweg. Vor dem Abendessen schiebst du noch eine Yogasession oder deine übliche Joggingrunde ein. Anschließend holst du die Post aus dem Briefkasten und freust dich, dass du nicht kochen musst. Zum Dinner gibt es dann Müsli, Marmeladenbrot, (am besten koffeinfreien) Kaffee und viel Zeit zum Zeitunglesen. Zum Tagesabschluss noch eine erfrischende Dusche und dann wohlriechend und ohne weitere Bildschirmzeit ins Bett. Du wirst herrlich schlafen. Und was gibt es morgen zum Frühstück?

Tipp Mahlzeiten zu tauschen oder einen Tag rückwärts zu gestalten macht auch im Familienurlaub Spaß. Nicht nur die Kinder werden es feiern, wenn es den Nachtisch vor dem Hauptgang gibt!

107_Red Day

Einen Tag lang rotsehen

Farben machen glücklich. Eine Welt ohne Farbe wäre trist und eintönig. Aber wie viel Farbe gibt es eigentlich in deinem Leben? Und welche Farbe macht dich glücklich? Es existiert eine ganze Wissenschaft, die sich mit der Psychologie der Farbe beschäftigt. Steht Blau für Ruhe oder für Kälte? Gibt Rot Wärme, oder macht es aggressiv? Bedeutet Grün Heilung oder Gift? Macht Gelb neidisch oder frei? Probiere aus, welche Wirkung Farbe auf dich hat, indem du einen Tag lang versuchst, dein Leben an deiner Lieblingsfarbe auszurichten.

Beginne mit der Kleidung. Wahrscheinlich hast du mindestens ein T-Shirt in deiner Lieblingsfarbe. Vielleicht auch eine Mütze, Socken oder Schmuck. Wenn du keine passende Hose oder Jacke hast, kombiniere dazu schwarze, weiße oder graue Kleidungsstücke. Hast du kein Handtuch in deiner Lieblingsfarbe, lohnt sich ein Secondhand-Einkauf über kostenlose Kleinanzeigen. Du wirst dich nach jeder Dusche darüber freuen!

Welche Lebensmittel gibt es in deiner Lieblingsfarbe? Versuche, ein Menü mit möglichst vielen Zutaten derselben Farbe zuzubereiten. Vielleicht kannst du auch Blumen in der passenden Farbe pflücken oder kaufen. Schreibe im Büro mit einem Stift in deiner Lieblingsfarbe oder stelle eine entsprechende Schriftfarbe auf deinem Computer ein. Wähle einen passenden Hintergrund für dein Smartphone. Gestalte farbige Deko oder Blumentöpfe für deine Wohnung. Und zu guter Letzt: Verschenke etwas in der ausgewählten Farbe.

Welche Farbtöne und Nuancen sind dein Favorit? Welche Wirkung haben farbige Kleidung, Lebensmittel, Schrift und Geschenke auf die Menschen in deiner Umgebung? Und wie fühlst du dich als laufender Farbklecks? Wenn du Lust hast, kannst du das Experiment mit verschiedenen Farben wiederholen und die Wirkung miteinander vergleichen. Welche Farbe generiert am meisten Aufmerksamkeit? Und worin fühlst du dich am wohlsten?

Tipp Du kannst auch eine Challenge aus dem Farbtag machen. Bitte Freunde oder Kolleginnen, an einem Tag entsprechend der im Text stehenden Beschreibung verschiedene Farben zu tragen. Super Gelegenheit für ein Gruppenfoto!

108 Schweigen to go

Was passiert, wenn wir aufmerksam zuhören

Mehrere tausend Wörter sprechen wir jeden Tag. Haben wir wirklich so viel zu sagen? In erster Linie dient Reden der Kommunikation. Zumindest sollte man das meinen. Bei diesem Schweige-Abenteuer wirst du feststellen, dass Sprechen noch viele andere Funktionen erfüllt – nicht alle davon sind positiv. Um die positiven Effekte des Schweigens kennenzulernen, heißt es: Mund zu und durch. Versuche, einen Tag lang kein Wort zu sprechen!

Die Bedingungen für deinen ersten Schweigetag kannst du selbst wählen. Ein Tag, an dem du viele Menschen triffst, stellt sicher eine größere Herausforderung dar als ein ruhiger Familientag. Wenn du dein Umfeld vorher über dein Schweigeexperiment informierst, fällt es dir wahrscheinlich leichter, als wenn niemand Bescheid weiß. Als kleine Hilfestellung kannst du ein Blöckchen und einen Stift einstecken, um die wichtigsten Dinge schriftlich zu kommunizieren. Denn das Offensichtliche wird dir zuerst auffallen: Ohne zu sprechen, fällt uns Kommunikation sehr viel schwerer. Aber was ist es, das wir so dringend sagen möchten? Wir möchten widersprechen, wenn jemand etwas sagt, womit wir nicht einverstanden sind. Wir möchten berichten, was wir gestern erlebt haben. Wir möchten unseren Senf dazugeben. Dabei ist es eigentlich viel interessanter, der Meinung oder den Erlebnissen der anderen aufmerksam zuzuhören. Die eigenen kennst du ja bereits. Drücke deine Zustimmung, Ablehnung oder dein Interesse durch Gestik und Mimik aus. Wenn du etwas Wichtiges nachfragen möchtest, schreibe die Frage auf einen Zettel.

Du wirst feststellen, dass du manchmal nur sprichst, um die Stille zu füllen. Dass Reden dich davon ablenken kann, dein Umfeld bewusst wahrzunehmen. Dass sich wichtige Dinge auf wenige Worte auf einem Zettel reduzieren lassen. Und dass vieles – auch wenn es im ersten Moment nicht so scheint – einfach einmal ungesagt bleiben kann.

Tipp Am schwersten fällt es uns, die antrainierten Höflichkeitsfloskeln wie Danke oder Guten Tag wegzulassen. Durch ein herzliches Lächeln kannst du sie gut ersetzen.

109 Wie vor 100 Jahren

Entschleunigung und Reise in die Vergangenheit

Die Zeit rast, das Leben zieht in schnellen Bildern an uns vorbei. Technologischer Fortschritt, Globalisierung und Digitalisierung haben die Geschwindigkeit des Lebens in den letzten 100 Jahren vervielfacht. Was gestern »in« war, interessiert morgen niemanden mehr. Multitasking, Informationsflut und eine unüberschaubare Menge an Wahlmöglichkeiten verursachen Leistungsdruck und Stress. Dieses Alltagsabenteuer lädt dich ein, für einen Tag auszusteigen aus dem Hamsterrad der Schnelllebigkeit.

Ein Jahrhundert vor unserer Zeit hatten die meisten Menschen wenig Gelegenheit, sich damit zu beschäftigen, ob ihre Kleidung trendy war, die Figur traumhaft oder der Job zur Selbstverwirklichung beitrug. Die meiste Zeit waren sie mit Lebensnotwendigem beschäftigt. Versuche, dich einen Tag lang in sie hineinzuversetzen. Hole das Wasser für deinen Kaffee im Hof und mahle die Bohnen mit der Hand. Backe dein eigenes Brot. Wasche dich mit Schüssel, Krug und Waschlappen – natürlich mit kaltem Wasser. Auch deine Wäsche wäschst du von Hand mit einem Stück Seife und hängst sie zum Trocknen auf die Leine. Koche nach einem alten Rezept und verwende nur jahreszeitgemäße regionale Zutaten, die Menschen an deinem Wohnort vor 100 Jahren auch zur Verfügung gestanden hätten. Repariere etwas Kaputtes selbst oder stopfe ein Loch im Strumpf. Geh in den Wald und sammle Feuerholz oder arbeite im Garten.

Fernseher, Computer und Handy gab es damals noch nicht. Die meisten Haushalte hatten auch noch kein Telefon. Fortbewegung fand hauptsächlich zu Fuß statt. Wenn du nach dem Abendessen nicht direkt vor Erschöpfung ins Bett fällst, kannst du ein Buch lesen, stricken oder mit deiner Familie Karten spielen. Erholsam wird so ein Tag sicher nicht, aber er kann deine Gedanken auf das Wesentliche zurücklenken und so für wertvolle Entschleunigung in unserer schnelllebigen Zeit sorgen.

Tipp Vielleicht findest du sogar ein Haus mit Holzherd in der Küche und Brunnen im Garten, wo du dieses Alltagsabenteuer ein Wochenende lang erleben kannst?

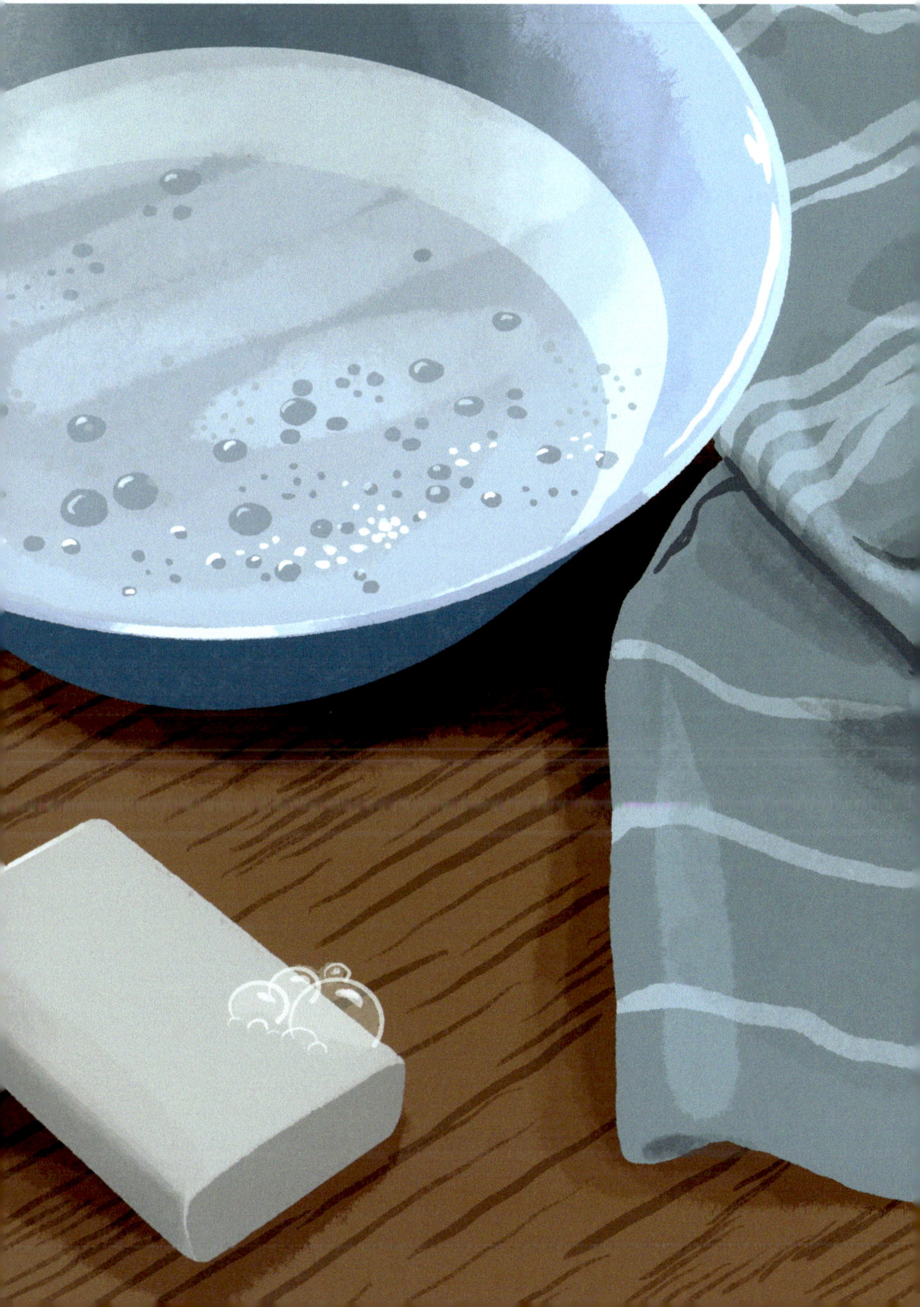

110_Worst-Case-Szenario

Wie gute Vorsätze endlich wahr werden

Mehr Sport machen, früher aufstehen, dich gesünder ernähren, mehr Zeit mit Freunden oder Familie verbringen: Wie oft hast du dir solche oder andere gute Vorsätze schon gesteckt? Und bist doch immer wieder daran gescheitert? Oft wissen wir, was uns guttun würde, und doch fällt uns die (langfristige) Umsetzung unendlich schwer. Vielleicht kannst du ihn mit diesem Alltagsabenteuer austricksen, deinen inneren Schweinehund!

Das Prinzip ist einfach: Erfolg durch Übertreibung. Möchtest du beispielsweise lieber um 6.30 Uhr statt um 7 Uhr aufstehen, weil du dann eine halbe Stunde früher im Büro bist und folglich auch früher Feierabend machen kannst? Stell dir stattdessen eine Woche lang den Wecker auf 5.30 Uhr und quäle dich fünf Tage lang aus dem Bett. Hast du das geschafft, wird es dir in der kommenden Woche leichtfallen, um 6.30 Uhr aufzustehen. Andere Vorsätze funktionieren nach demselben Prinzip. Geh eine Woche lang jeden Morgen oder jeden Abend zum Sport. Anschließend wird es ein Leichtes sein, ein- oder zweimal pro Woche zu trainieren. Verabrede dich eine Woche lang jeden Abend mit Freunden. Wenn du deine Couch-Routine erst mal unterbrochen hast, fällt es dir danach nicht mehr schwer, einen oder zwei Abende auszugehen oder Besuch einzuladen. Willst du dich gesünder ernähren, verzichte eine Woche lang komplett auf Zucker, Alkohol und tierische Produkte. In der darauffolgenden Woche ist es kaum mehr eine Herausforderung, öfter mal in der Mittagspause einen Salat zu essen oder im Restaurant den Tofu-Burger zu probieren.

Die Schwierigkeit beim Umsetzen guter Vorsätze liegt in erster Linie in der Veränderung alter Gewohnheiten. Sind diese erst einmal durchbrochen, ist es viel einfacher, neue, bessere Gewohnheiten zu etablieren. Nach ein bis drei Monaten wird aus einer neuen Verhaltensweise ein Automatismus, dessen Umsetzung uns kaum mehr (Willens-)Kraft kostet.

Tipp Solltest du nach einiger Zeit doch wieder in alte, ungeliebte Muster zurückfallen, starte einfach erneut mit dem Worst-Case-Szenario.

111 Zeitlos glücklich

Ein Tag ohne Uhrzeit

Das Gefühl, zu wenig Zeit zu haben, ist für viele von uns ein ständiger Begleiter. Aber ist das überhaupt wahr? Oder lassen wir uns – teilweise unnötig – von Wecker, Smartphone und Uhr hetzen? Kennen wir eigentlich noch unsere tatsächlichen Bedürfnisse, oder essen wir einfach, weil der Zeiger auf der Zwölf steht, und gehen schlafen, weil es schon nach 23 Uhr ist? Mit diesem Alltagsabenteuer stellst du alle äußeren Zwänge für einen Tag ab und lebst nach deiner eigenen Zeit.

Zur Vorbereitung solltest du am Abend vor deinem Zeitlos-Experiment alle Uhren abhängen oder abkleben. Denke auch an die Uhren auf deinem Smartphone und dem Computer. Die Uhr auf dem Sperrbildschirm kannst du eigentlich bei allen Modellen ausschalten. Bei der normalen Zeitanzeige auf dem Display oder Bildschirm ist das oft schwieriger. Am einfachsten ist es, einen kleinen Klebestreifen an der entsprechenden Stelle anzubringen.

Hast du einen Tag am Wochenende für dein Alltagsabenteuer gewählt, schalte deinen Wecker aus. Steh auf, wenn du ausgeschlafen hast. Iss, wenn du Hunger hast. Geh hinaus, wenn die Sonne scheint oder wenn es dir nach Bewegung ist. Ruf deine Freunde an, wenn du jemanden treffen möchtest. Lass dich abholen oder verabrede dich in einer halben Stunde im Park. Putze deine Wohnung oder dein Fahrrad, wenn sie schmutzig sind, oder erledige, was dir notwendig erscheint.

Du wirst feststellen, dass der Vormittag noch recht normal verläuft. Die übliche Morgenroutine aus Kaffee und Joggen oder Frühstück und Yoga gibt dir Struktur. Der Magen meldet sich irgendwann mit Hunger aufs Mittagessen. Anschließend beginnt die Zeit etwas zu verschwimmen. Der Zeitraum bis zum Abendessen ist deutlich länger, eine richtige Nachmittagsroutine haben die wenigsten von uns. Genieße die Abwesenheit von Terminen. Tue, wonach dir gerade ist. Und wenn du müde bist, geh einfach schlafen.

Tipp Möchtest du deine innere Uhr dauerhaft wieder aktivieren, versuche, im Urlaub einmal eine ganze Woche ohne Uhrzeit zu leben.

Michael Moll
111 norddeutsche Campingplätze, die man kennen muss
ISBN 978-3-7408-1266-9

Martin Nusch
111 Mal mit WDR 2 raus in den Westen
ISBN 978-3-7408-1962-0

Martin Nusch
111 Mal mit WDR 2 raus in den Westen, Band 2
ISBN 978-3-7408-1465-6

Gisela Hopfmüller, Franz Hlavac
111 Ideen für einen besonderen Garten
ISBN 978-3-7408-1382-6

Marisa Becker, Peter Becker
111 ungenutzte Pflanzen, die man gegessen haben muss
ISBN 978-3-7408-1200-3

Theo B. Pagel,
Christoph Schütt
111 Geschichten aus dem Kölner Zoo, die man kennen muss
ISBN 978-3-7408-1573-8

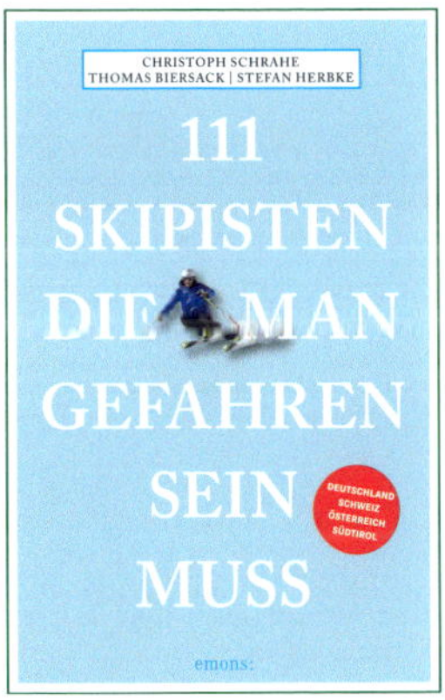

Christoph Schrahe,
Stefan Herbke, Thomas Biersack
111 Skipisten, die man gefahren sein muss
ISBN 978-3-7408-1600-1

Carsten Sebastian Henn
111 Weine aus aller Welt, die man getrunken haben muss
ISBN 978-3-7408-0859-4

Pierre Thomas
111 Schweizer Weine, die man getrunken haben muss
ISBN 978-3-7408-1301-7

Roland Grumt Suárez,
Holger Grumt Suárez
111 Dinge über Affen, die man wissen muss
ISBN 978-3-7408-1214-0

Michael Begasse
111 royale Momente für die Ewigkeit
ISBN 978-3-7408-1873-9

Petra Wochnik
111 Dinge über das Wattenmeer, die man wissen muss
ISBN 978-3-7408-1081-8

Andreas Malessa
111 Bibeltexte, die man kennen muss
ISBN 978-3-7408-1101-3

Carsten Sebastian Henn, Torsten Goffin
111 Mal lecker essen in Köln
ISBN 978-3-7408-2121-0

Oliver Buslau
111 Opernhighlights, die man kennen muss
ISBN 978-3-7408-0985-0

Lucia Jay von Seldeneck
111 Bauwerke in Berlin, die man kennen muss
ISBN 978-3-7408-0995-9

Michael Moll
111 deutsche Campingplätze, die man kennen muss
ISBN 978-3-7408-1170-9

Rüdiger Liedtke
111 Heilige im Rheinland, die man kennen muss
ISBN 978-3-7408-0886-0

Astrid Süßmuth
111 Almen und Hütten in Oberbayern, die man gesehen haben muss
ISBN 978-3-7408-1751-0

Martin Droschke
111 fränkische Biergärten, die man gesehen haben muss
ISBN 978-3-7408-1956-9

Sonja Silberhorn
111 Lost Places in der Oberpfalz, die man gesehen haben muss
ISBN 978-3-7408-1957-6

Bernd Imgrund
111 Whiskys, die man getrunken haben muss
ISBN 978-3-7408-1838-8

Holger Grumt Suárez, Roland Grumt Suárez
111 Insekten, die täglich unsere Welt retten
ISBN 978-3-7408-0628-6

Daniela Clément
111 Dinge, die Eltern kennen müssen
ISBN 978-3-7408-0617-0

Kay Walter
111 Bauwerke in Paris, die uns Geschichte erzählen
ISBN 978-3-7408-0691-0

Rainer Wittkamp,
Roland Spiegel
111 Jazz-Alben, die man gehört haben muss
ISBN 978-3-7408-2248-4

Jens Dreisbach
111 Gins, die man getrunken haben muss
ISBN 978-3-7408-0571-5

Carsten Neß, Theo Haart
111 Tiere und Pflanzen an der Mosel, die man kennen muss
ISBN 978-3-7408-0563-0

Maria Teresa Carbone
111 Hunde, die man kennen muss
ISBN 978-3-7408-0477-0

Robert Preis
111 schaurige Orte in der Steiermark, die man gesehen haben muss
ISBN 978-3-7408-0445-9

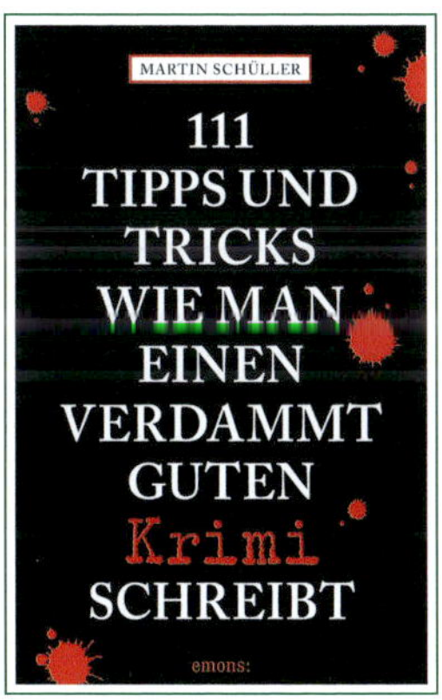

Martin Schüller
111 Tipps und Tricks, wie man einen verdammt guten Krimi schreibt
ISBN 978-3-7408-0460-2

Klaudia Blasl
111 tödliche Pflanzen, die man kennen muss
ISBN 978-3-7408-1780-0

HP Mayer
111 Orte in Deutschland für echte Weingenießer
ISBN 978-3-7408-2201-9

Monika Mansour
111 mystische Orte in der Schweiz, die man gesehen haben muss
ISBN 978-3-7408-1817-3

Theo B. Pagel, Brian Batstone
111 Dinge über Elefanten, die man wissen muss
ISBN 978-3-7408-0349-0

Bernd Franco Hoffmann
111 Eisenbahnorte im Rheinland, die man gesehen haben muss
ISBN 978-3-7408-0344-5

Astrid Süßmuth
111 Spukorte in und um München, die man gesehen haben muss
ISBN 978-3-7408-0336-0

Oliver Buslau
111 Werke der klassischen Musik, die man kennen muss
ISBN 978-3-7408-0236-3

Kirstin von Glasow
111 Gärten in London, die man gesehen haben muss
ISBN 978-3-7408-0141-0

Nicola Perry
33 Walks durch London, die man erlebt haben muss
ISBN 978-3-7408-0136-6

Christina Gruber, Gerhard Schmidt
111 Drehorte berühmter Filme & Serien in Nordrhein-Westfalen
ISBN 978-3-95451-928-6

Luisanna Messeri
111 Rezepte aus Italien, die man gekocht haben muss
ISBN 978-3-95451-863-0

Annett Klingner,
Pascal Klunder, Katja Erdmann
111 Dinge über Katzen, die man wissen muss
ISBN 978-3-7408-1204-1

Walter M. Weiss,
Ulrich Wernery
111 Dinge über Kamele, die man wissen muss
ISBN 978-3-7408-1206-5

Martin Droschke, Norbert Krines
111 deutsche Craft Biere, die man getrunken haben muss
ISBN 978-3-7408-0338-4

Daniela Dejnega,
Luzia Schrampf
111 Schaumweine aus aller Welt, die man getrunken haben muss
ISBN 978-3-7408-1222-5

Daniela Dejnega, Luzia Schrampf
111 Weine aus Österreich, die man getrunken haben muss
ISBN 978-3-7408-0618-7

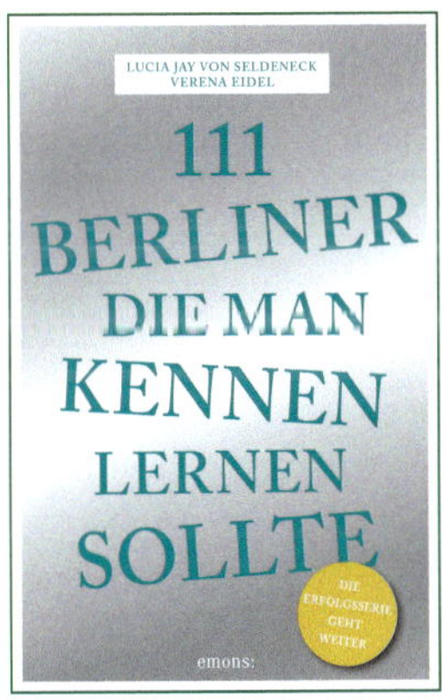

Lucia Jay von Seldeneck
111 Berliner, die man kennen sollte
ISBN 978-3-95451-845-6

Tatiana Morlock liebt das Abenteuer. Als Familienzuwachs und Coronapandemie ihr die großen Abenteuer erschwerten, hat sie Alltagsabenteuer für sich entdeckt. Zunächst veröffentlichte sie ein Kindererlebnis-Buch, jetzt möchte sie die kleinen Rebellionen und das große Abenteuerglück auch Erwachsenen nahebringen.

Anita Ortega liebt es seit ihrer Kindheit, zu zeichnen und Geschichten zu erzählen. Nach dem Abitur hat sie ihre Leidenschaft zum Beruf gemacht und verwirklicht ihre Kreativität in Trickfilmproduktionen, sowie als Illustratorin und Designerin.